# Abitur*Skript*

## Sozialkunde

Gymnasium

Bayern

**STARK**

**Quellennachweis:**

S. 1: Daten nach: Statistisches Bundesamt, Wiesbaden
S. 4: Statistisches Bundesamt (2019), Bevölkerungsfortschreibung, Fachserie 1, Reihe 1.3; Statistisches Bundesamt (2019), Bevölkerung Deutschlands bis 2060. Ergebnisse der 14. koordinierten Bevölkerungsvorausberechnung, Annahmen der Vorausberechnung: Variante 15
S. 7: Statistisches Bundesamt, Wiesbaden (2020)
S. 12: Rainer Geißler, Die Sozialstruktur Deutschlands, 7., grundlegend überarbeitete Auflage, Wiesbaden 2014, S. 101
S. 14: Sinus Institut, Heidelberg 2018
S. 17: eigene Darstellung, Daten nach: SOEP Welle 09-34, World Bank
S. 18: Böckler Impuls 7/2010, Hans-Böckler-Stiftung
S. 21: Daten nach: Basis: Bundesrepublik Deutschland, Bevölkerung ab 16 Jahre; IfD Allensbach 09/2019
S. 24: A.jo/wikipedia
S. 25: Bundesagentur für Arbeit (zuletzt 2019), Beschäftigtenstatistik.– Statistisches Bundesamt (zuletzt 2018), Mikrozensus
S. 30: Markus Klein, Manuela Pötschke: Gibt es einen Wertewandel hin zum „reinen" Postmaterialismus?, Zeitschrift für Soziologie JG29, Heft 3, 06/2000, S. 208
S. 36: Realeinkommen sind seit 1991 gestiegen, aber mehr Menschen beziehen Niedrigeinkommen Markus M. Grabka, Jan Goebel - DIW Wochenbericht 85 (2018), 21, S. 449-459
S. 40: © picture-alliance/dpa-infografik
S. 45: nach: Mensch und Politik, Sozialkunde Bayern, Klasse 11, Dr. Florian Hartleb u. Christian Raps, Verlag Schroedel 2009
S: 46: © Erich Schmidt Verlag
S. 49: nach: Coachgilmore.pbworks.com, Checks and Balances
S. 55: © Bergmoser + Höller Verlag AG
S. 57: Nachrichten für die Deutschen von hohem Interesse, VauNet vom 04.07.2018, https://www.vau.net/mediennutzung/content/nachrichten-deutschen-hohem-interesse
S. 59: © Bayerisches Innenministerium
S. 68: © Bergmoser + Höller Verlag AG
S. 71: DG communication, Europäisches Parlament, https://www.europawahl-bw.de/eu-parlament
S. 72: Unión Europea en Perú/Wikipedia, CC BY 2.0
S. 74: © picture-alliance/dpa-infografik
S. 78: Kaja Stepien: „Ordentlich" mehr Macht, ORF.at vom 06.10.2015, https://orf.at/v2/stories/2301114/2301132/
S. 84: Nach: Johan Galtung: Violence, peace and peace research. In: Journal of Peace Research, Vol. 6, No. 3 (1969), pp. 183
S. 87: © UNDP
S. 92: Richter-Publizistik, Bonn (www.crp-infotec.de)
S. 93: Olaf Kosinsky/Wikipedia, CC BY-SA 3.0
S. 105: eigene Darstellung, Daten nach: Official Development Assistance 2017 (ODA 2017)
S. 107: Bundeszentrale für politische Bildung, 2018, www.bpb.de, Lizenz: cc by-nc-nd/3.0/de/

© 2020 Stark Verlag GmbH
www.stark-verlag.de

# Inhalt

## Struktur und Wandel der Gesellschaft in der Bundesrepublik

**1** **Struktur der Gesellschaft** ...................................... **1**

1.1 Demografische Entwicklung und ihre Auswirkungen ......... 1

1.2 Soziale Ungleichheit und soziale Mobilität ................... 8

1.3 Modelle sozialer Ungleichheit ................................ 11

1.4 Bewertung und Entwicklung sozialer Ungleichheit ........... 16

**2** **Wandel der Gesellschaft** ...................................... **19**

2.1 Familie ........................................................ 19

2.2 Berufs- und Arbeitswelt ....................................... 23

2.3 Werte ......................................................... 28

**3** **Sozialstaat und soziale Sicherung** ........................... **31**

3.1 Grundlagen und Bedeutung des Sozialstaats ................. 31

3.2 Kernprinzipien des Sozialstaats .............................. 32

3.3 Herausforderungen des Sozialstaats .......................... 33

## Grundzüge politischer Systeme der Gegenwart

**1** **Demokratische Systeme** ...................................... **39**

1.1 Bedeutung der Menschenrechte ............................... 39

1.2 Grundlegende Prinzipien des demokratischen Verfassungsstaates ............................................. 42

1.3 Wesentliche Ausprägungen von Demokratie ................... 43

**2** **Diktatorische Systeme** ........................................ **50**

2.1 Merkmale diktatorischer Systeme ............................. 50

2.2 Autoritäre und totalitäre Diktaturen .......................... 51

**3** **Mischformen zwischen Demokratie und Diktatur** ........... **53**

3.1 Merkmale „defekter Demokratien" ............................ 53

3.2 Russland als Beispiel für eine „defekte Demokratie" ......... 54

**4** **Sicherung der Zukunftsfähigkeit der Demokratie** ........... **56**

4.1 Umgang mit Herausforderungen der Demokratie .............. 56

4.2 Reformvorschläge zur Weiterentwicklung des demokratischen Systems ...................................... 59

4.3 Chancen und Hemmnisse von Demokratisierungsprozessen in der Welt ................................................... 63

# Aspekte der Europäischen Einigung

**1 Geschichtlicher Überblick über die Entwicklung der Europäischen Einigung** ................................... **66**

**2 Institutioneller Aufbau der EU** ............................... **69**

2.1 Europäischer Rat ................................................. 69

2.2 Rat der Europäischen Union (Ministerrat) ..................... 69

2.3 Das Europäische Parlament ..................................... 70

2.4 Die Europäische Kommission ................................... 72

2.5 Der Europäische Gerichtshof ................................... 73

2.6 Die Europäische Zentralbank ................................... 74

2.7 Der Rechnungshof .............................................. 75

**3 EU auf dem Weg zum europäischen Rechtsraum** .......... **76**

3.1 Das Prinzip der Subsidiarität ................................... 76

3.2 Zuständigkeiten in der EU ...................................... 76

3.3 Gemeinschaftsrecht der Europäischen Union .................. 77

3.4 Das Zusammenwirken der EU-Organe in der Rechtsetzung .. 77

3.5 Entwicklung eines europäischen Rechtsraums ................. 79

**4 Herausforderungen und Perspektiven der EU** .............. **80**

4.1 Herausforderungen ............................................. 80

4.2 Perspektiven .................................................... 82

# Frieden und Sicherheit als Aufgabe der internationalen Politik

**1 Definition von Frieden** ......................................... **84**

**2 Gefährdung von Frieden und Sicherheit im 21. Jahrhundert** ............................................... **85**

**3 Grundlagen der Politik im internationalen Rahmen** ........ **86**

3.1 Zentrale Begriffe ................................................ 86

3.2 Handlungsfelder internationaler Politik ........................ 87

3.3 Erweiterter bzw. umfassender Sicherheitsbegriff .............. 89

**4 Internationale Organisationen der kollektiven Friedenssicherung** ............................................. **91**

4.1 UNO ............................................................ 91

4.2 NATO .......................................................... 96

4.3 Organisation für Sicherheit und Zusammenarbeit in Europa (OSZE) .............................................. 102

4.4 Möglichkeiten und Grenzen von Entwicklungspolitik
als Beitrag zur Friedenssicherung ............................ 104

**5 Chancen und Probleme der Sicherheitspolitik der EU ... 106**

5.1 Institutionelle Grundlagen der gemeinsamen europäischen
Außen-, Sicherheits- und Verteidigungspolitik .............. 106

5.2 Diskussion um die Errichtung einer EU-Armee ............. 109

5.3 Grenzen der gemeinsamen Außen- und Sicherheitspolitik .... 110

## Herausforderungen für die nationale Politik in einer globalisierten Welt

**1 Deutsche Außenpolitik ....................................... 111**

1.1 Bedingungsfaktoren deutscher Außenpolitik ................. 111

1.2 Ziele der deutschen Außenpolitik ........................... 112

1.3 Zielkonflikte der deutschen Außenpolitik ................... 112

1.4 Akteure der deutschen Außenpolitik ........................ 113

1.5 Verfassungsrechtliche Grundlagen der Außenpolitik ........ 115

**2 Globalisierung ............................................... 117**

2.1 Merkmale und Ursachen ..................................... 117

2.2 Eigenschaften .............................................. 117

2.3 Dimensionen und Konsequenzen ............................. 118

**3 Herausforderungen der Globalisierung für die
nationale Politik ............................................ 120**

3.1 Terrorismus ................................................ 120

3.2 Migration .................................................. 121

**Autor:** Heinrich Müller

# Vorwort

Liebe Schülerinnen und Schüler,

das **kompakte und übersichtlich gestaltete** Skript leistet Ihnen in den beiden letzten Schuljahren im Fach **Sozialkunde** in verschiedener Hinsicht gute Dienste:

- beim Verstehen und bei der **Festigung des Stoffes**
- bei der Vorbereitung auf die **Schulaufgaben**
- bei der Vorbereitung auf das **mündliche oder schriftliche Abitur**

Die Gestaltung trägt zum leichten Erfassen der Inhalte bei:

- klar **strukturiertes Inhaltsverzeichnis** zur raschen Orientierung
- präzise und verständliche sprachliche **Ausdrucksweise**
- Hervorhebung zentraler Begriffe und Zusammenhänge durch **Fettdruck**
- Vermittlung wichtiger Gesichtspunkte in **griffigen tabellarischen Übersichten**
- anschauliche **Graphiken und Schaubilder**

Das Skript orientiert sich eng an den Vorgaben des Lehrplans, die für die Prüfungsanforderungen entscheidend sind. Es eignet sich sowohl für die Abiturvorbereitung im **einstündig** als auch im **zweistündig** unterrichteten Fach Sozialkunde, da die übergreifenden Themenbereiche bei den zwei Lehrplänen beinahe deckungsgleich sind. Unterschiede ergeben sich in erster Linie in der Intensität der Behandlung des Stoffes. Das Skript vermittelt Ihnen in beiden Fällen das erforderliche **grundlegende Wissen**. Inhalte, die nur im Lehrplan des zweistündig unterrichteten Faches Sozialkunde vorkommen, sind in der Überschrift mit ***(zweistündiger Kurs)** ausgewiesen.

Durch das Skript eignen Sie sich nicht nur ein für die Prüfungen in der Schule relevantes Wissen an, sondern Sie bekommen auch ein vertieftes Verständnis für bedeutsame Entwicklungen im gesellschaftlichen und politischen Bereich.

Viel Erfolg bei der Nutzung des Skripts und Freude beim Erkenntnisgewinn wünscht Ihnen

Heinrich Müller

# Struktur und Wandel der Gesellschaft in der Bundesrepublik

## 1 Struktur der Gesellschaft

### 1.1 Demografische Entwicklung und ihre Auswirkungen

**Demografie: Definition und Bedeutung**

Demografie (aus den griechischen Wörtern *démos* für „Volk" und *gráphein* für „beschreiben") befasst sich mit der **Größe und der Zusammensetzung der Bevölkerung** (z. B. Geschlecht, Alter, Geburtenhäufigkeit, Zu- und Abwanderung) sowie mit der **Entwicklung ihrer Struktur.**

Lange Zeit wurden demografische Themen in der Öffentlichkeit kaum wahrgenommen. Erst seit der Jahrtausendwende werden Erkenntnisse der Bevölkerungswissenschaft verstärkt diskutiert, weil die **Konsequenzen des demografischen Wandels** ins allgemeine Bewusstsein gedrungen sind. So wirkt sich etwa die **Alterung der Gesellschaft** auf fast alle Politikbereiche aus. Die **Gestaltung** der sozialen Sicherungssysteme (vgl. S. 33 f.; z. B. Renten-, Kranken- und Pflegeversicherung), die **Planung** im Bereich von Bildung und Erziehung (z. B. Bau von Schulen oder Kindergärten) oder **Entscheidungen** im Bereich der Wirtschaft (z. B. Nachfrage nach Arbeitskräften oder Produktion von Gütern) hängen stark von der Bevölkerungsstruktur und ihrer Entwicklung ab.

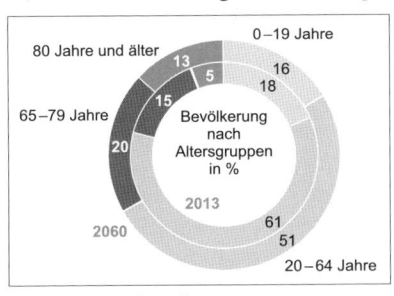

Anteile an der Bevölkerung

**Die Entwicklung der Bevölkerungszahl in der Bundesrepublik**

Für die Entwicklung der Bevölkerungszahl sind grundsätzlich **drei Einflussfaktoren** ausschlaggebend:

- Geburtenrate (Fertilität)
- Sterberate (Mortalität)
- Wanderungssaldo: Differenz zwischen Zuzügen und Fortzügen

Die Veränderungen bei den Geburtenzahlen und bei der Sterblichkeit werden als **natürliche Bevölkerungsbewegung** bezeichnet und sind analytisch von den Wanderungsbewegungen zu trennen.

Bei der Entwicklung der Bevölkerungszahl der Bundesrepublik Deutschland kann man in Anlehnung an R. Geißler grob **drei Phasen** nach dem Zweiten Weltkrieg unterscheiden:

- **1. Phase von 1949 bis 1974:** Diese Phase ist von einem **starken Bevölkerungswachstum** geprägt. Der **Zustrom von Flüchtlingen** aus den ehemaligen deutschen Ostgebieten hielt noch bis in die frühen 1950er-Jahre an. Außerdem flüchteten bis zum Bau der Berliner Mauer im Jahr 1961 ca. 3 Millionen Menschen aus der DDR in die Bundesrepublik, um dem SED-Regime zu entkommen. In der Bundesrepublik **stieg** aufgrund der günstigen wirtschaftlichen und politischen Rahmenbedingungen die **Geburtenrate** von Beginn der 1950er-Jahre bis Mitte der 1960er-Jahre von 2,1 auf 2,5 Kinder pro Frau (Babyboom). Die erhöhte Geburtenrate war in den ersten Jahren der Bundesrepublik sicher auch eine Reaktion auf die Kriegszeit und die schwierigen Nachkriegsjahre, insofern Geburten gleichsam „nachgeholt" wurden. Ab 1965 bis 1975 **sank die Rate** wieder von 2,5 auf 1,4 Kinder pro Frau ab (Pillenknick).
 Wegen der großen Nachfrage nach Arbeitskräften schloss die Bundesregierung mit verschiedenen Staaten sogenannte **Anwerbeverträge**. Seit 1955 kamen deswegen **Gastarbeiter** vor allem aus Italien, Spanien, Portugal, Griechenland, Jugoslawien und der Türkei, bis es im Jahr 1973 einen Anwerbestopp gab. Insgesamt 14 Millionen Menschen aus Süd- und Südosteuropa wanderten in die Bundesrepublik ein, von denen 11 Millionen wieder in ihre Heimat zurückkehrten.

- **2. Phase von 1975 bis 1987:** Diese Phase ist von einer **Stagnation bzw. einem leichten Rückgang der Bevölkerungszahl** geprägt. Neben dem „Pillenknick" spielte auch der von der Bundesregierung im Jahr 1973 beschlossene Anwerbestopp für Gastarbeiter eine Rolle. Grund dafür war nicht zuletzt das neu auftretende Problem der Arbeitslosigkeit. Der Nachzug von Familienangehörigen war allerdings weiterhin möglich. Die Geburtenrate pendelte sich in der Bundesrepublik in dieser Zeit auf ca. 1,4 Kinder ein und entsprach damit dem Wert anderer moderner Industriegesellschaften.

- **3. Phase von 1988 bis zur Gegenwart:** Diese Phase ist insgesamt durch einen **moderaten Bevölkerungszuwachs** gekennzeichnet. Infolge der Erosion des Ostblocks kam es vor allem seit 1988 zu einer **verstärkten Einwanderung** von sogenannten Spätaussiedlern aus **Polen, Rumänien und der Sowjetunion.** Nach Beginn des Bürgerkriegs im ehemaligen **Jugoslawien** Anfang der 1990er-Jahre flohen zudem viele Jugoslawen vor den Schrecken des Krieges nach Deutschland. Ein Teil der Geflüchteten blieb auch nach Ende des Krieges in der Bundesrepublik.

  Obwohl die **Geburtenrate auf einem niedrigen Niveau** verharrte, kam es zu keinem Bevölkerungsrückgang, da die geburtenstarken Jahrgänge der 1950er- und 1960er-Jahre ins Elternalter kamen und so die relativ große Anzahl von Eltern die niedrige Rate ausglich. Nach der **Wiedervereinigung** im Jahr 1990 sank die Geburtenrate in der früheren DDR infolge der unsicheren Lebensverhältnisse auf unter ein geborenes Kind pro Frau bis 1995. Inzwischen jedoch hat sich die Geburtenrate auf dem Gebiet der früheren DDR wieder an die Westdeutschlands angeglichen. Seit 2010 steigt die Geburtenrate in der Bundesrepublik leicht an (2018: 1,57).

  2015 kam es durch die Entscheidung der Bundesregierung, die Grenzen für **Flüchtlinge** zu öffnen, um eine humanitäre Katastrophe zu verhindern, zu einer **starken Zuwanderung.** Allerdings hat das Wanderungssaldo in den darauffolgenden Jahren wieder abgenommen und war 2018 ungefähr auf dem Niveau von 2012. In den letzten 25 Jahren hat sich die Bevölkerungszahl nicht signifikant geändert (1993: 81,34 Mio.; 2018: 83,07 Mio.).

In den nächsten Jahren ist mit keiner großen Veränderung der Gesamtzahl der Bevölkerung zu rechnen. Erst in den kommenden Jahrzehnten wird es zu einem **allmählichen Rückgang** kommen. Allerdings verdeckt die Konstanz bei der Bevölkerungszahl die **starke Veränderung der Altersstruktur**. Es ist davon auszugehen, dass bei einer anhaltend niedrigen Geburtenrate die Zahl der älteren Bevölkerung zunehmen wird, weil die zahlenmäßig starken Jahrgänge der Babyboom-Generation ein hohes Alter erreichen. Trotz einer leicht ansteigenden Geburtenrate wird die Geburtenzahl zurückgehen, da die Zahl der potenziellen Mütter in den nächsten Jahren aufgrund der schwachen 1990er-Jahrgänge sinken wird. Die Vergangenheit hat aber gezeigt, dass **Prognosen im Bereich der Demografie** mit besonders **vielen Unwägbarkeiten** verbunden sind.

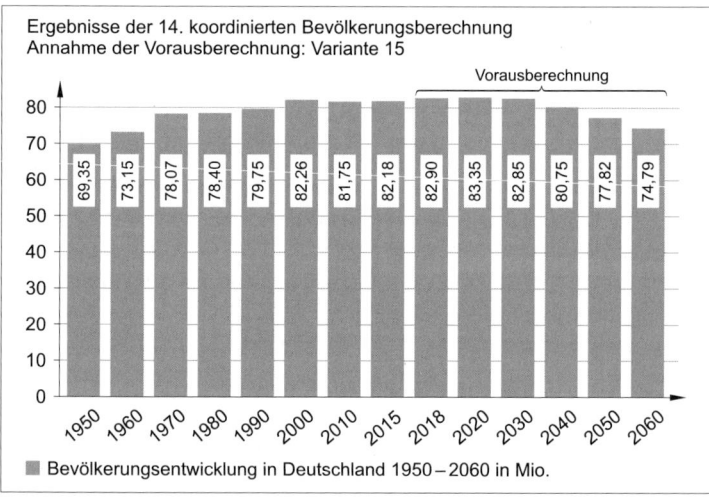

Ergebnisse der 14. koordinierten Bevölkerungsberechnung
Annahme der Vorausberechnung: Variante 15

■ Bevölkerungsentwicklung in Deutschland 1950–2060 in Mio.

Bevölkerung in Deutschland bis 2060

**Ursachen für den Rückgang der Geburtenrate**

Für den in modernen Industriestaaten typischen Rückgang der Geburtenrate (in der Bundesrepublik von ca. 2,5 im Jahr 1965 auf ca. 1,5 in der Gegenwart) gibt es ein ganzes **Bündel von möglichen Ursachen:**

- **Emanzipation der Frau:** Durch die Emanzipation können sich Frauen flexibler und individueller für einen Lebensentwurf entscheiden (Berufswahl, Partnerwahl usw.).

- **Problem der Vereinbarkeit von Familie und Beruf:** Durch die rechtliche Gleichstellung haben sich für Frauen viel bessere berufliche Möglichkeiten ergeben, sodass sie sich auch Gedanken über den Einfluss von Kindern auf ihre Karriere machen und unter Umständen auf Kinder verzichten bzw. später und damit weniger Kinder bekommen.

- **Funktions- und Strukturwandel der Familie:** Kinderreichtum spielt für die soziale Absicherung der Eltern angesichts des modernen Sozialstaats keine Rolle mehr; auch gibt es seltener den Fall, dass Kinder zur Mithilfe im elterlichen Betrieb benötigt werden.

- **Konsumdenken und steigende Ansprüche an den Lebensstil:** Das Aufziehen von Kindern ist kostspielig und schränkt trotz der staatlichen Unterstützung die materiellen Möglichkeiten einer Familie ein. Aufgrund des Wunsches nach einem in ihren Augen angemessenen Lebensstil verzichten manche Paare auf Kinder oder entscheiden sich gegen eine größere Kinderzahl.

- **Problematische Betreuungssituation:** Weil Paare aufgrund der Mobilität häufig an Orten wohnen, an denen weder die eigenen Eltern noch andere Verwandte leben, stellt die Betreuung von Kindern gerade im Fall der doppelten Berufstätigkeit ein großes Problem dar. Das Angebot an Betreuungseinrichtungen ist in vielen Gegenden noch nicht so entwickelt, dass das Fehlen eines familiären Netzes ausgeglichen werden kann.

- **Rationalisierung bei der Familienplanung als Ausdruck eines Wertewandels:** Paare planen viel stärker als früher, ob und wann sie Kinder bekommen wollen.

- **Fortschritte bei der Verhütung:** Durch die Einführung der „Pille" und durch eine verbesserte Aufklärung kam es zu einer deutlichen Abnahme ungewollter Schwangerschaften.

- **Unsicherheiten in der Arbeitswelt:** Da die Arbeitsplatzsicherheit in Zeiten einer globalisierten Wirtschaft abgenommen und gleichzeitig die Zahl zeitlich befristeter oder prekärer Arbeitsverhältnisse zugenommen hat, werden von vielen Paaren Kinderwünsche aufgeschoben oder gar aufgegeben.

## Demografischer Wandel: Herausforderungen und Chancen

Die öffentliche Diskussion um die Folgen des demografischen Wandels wurde in den letzten Jahren sehr stark durch die Thematisierung bedrohlicher Zukunftsentwicklungen beherrscht. In Massenmedien wurde wegen der längerfristig zurückgehenden Bevölkerungszahl vor dem „Aussterben" der Deutschen gewarnt oder es wurde angesichts steigender Zuwanderung die Angst vor einer Überfremdung der deutschen Kultur geäußert. Ein nüchterner Blick auf die Entwicklung lohnt sich aber, denn neben **zu bewältigenden Herausforderungen** bietet der demografische Wandel auch **Chancen:**

| Chancen | Herausforderungen |
|---|---|
| • Rückgang der Zahl der Arbeitslosen durch sinkende Bevölkerungszahl | • Finanzierung der sozialen Sicherungssysteme, Vermeidung einer zu hohen Belastung der Beiträge zahlenden Erwerbstätigen (vgl. S. 33 ff.) |
| • hervorragende Chancen für gut ausgebildete Arbeitnehmer | • Belastung vieler Angehöriger durch Pflege ihrer Eltern |
| • größere Wertschätzung für Erfahrung und Kenntnisse älterer Arbeitnehmer und verstärkte Bemühungen um diese vonseiten der Arbeitgeber | • Integration von Zuwanderern (vgl. S. 37 f.) |
| • Erhöhung der Zahl der erwerbstätigen Frauen | • aufgrund ihrer zahlenmäßigen Dominanz eventuell zu starke Vertretung der Interessen der älteren Generation in der Politik |
| • Impulse für Frauenförderung in der Wirtschaft | • Mangel an Arbeitnehmern in bestimmten Bereichen; aufgrund von Sprachbarrieren Grenzen der Besetzung von Stellen durch Zuwanderer |
| • Entspannung auf dem Wohnungsmarkt in Metropolen, keine weitere Zersiedelung der Landschaft | |
| • Entlastung der Umwelt durch Rückgang des Verkehrs | • aufgrund latent vorhandener Fremdenfeindlichkeit Gefahr der Stärkung extremistischer Parteien |

**Zuwanderung – Lösung des demografischen Problems?**

Auch wenn die Geburtenrate unter dem Wert von 2,1 liegt, der die Reproduktion einer Gesellschaft garantiert, muss dies nicht automatisch einen Rückgang der Bevölkerung bedeuten. Durch einen **Überschuss bei der Zuwanderung** kann die Entwicklung ausgeglichen werden.

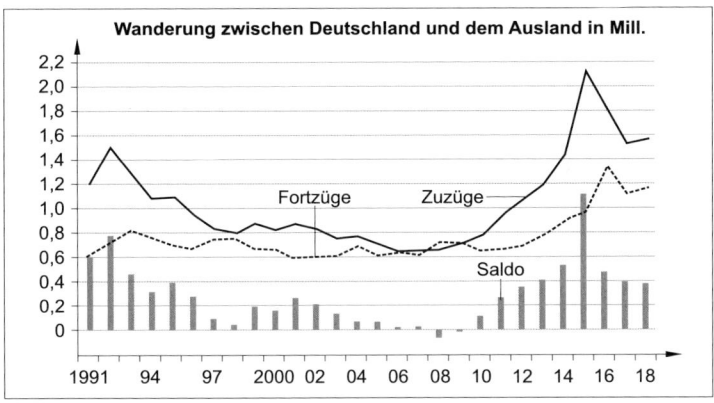

Migration: Fortzüge und Zuzüge

Die Frage, ob Zuwanderung gefördert werden soll, um das demografische Problem zu lösen, wird heftig diskutiert. Für beide Sichtweisen können nachvollziehbare Argumente vorgebracht werden.

**Für die Förderung der Zuwanderung** spricht:

• Durch die in der Regel meist jungen Zuwanderer kann die **Finanzierung des Sozialsystems** (Renten-, Kranken- und Pflegeversicherung) gesichert werden.

• Durch Zuwanderung kann die **Nachfrage nach Fachkräften** befriedigt werden.

• Zuwanderung bringt aufgrund einer erhöhten Nachfrage nach Gütern eine **Stimulierung der Wirtschaft** und damit verbunden eine Erhöhung der Steuereinnahmen des Staates mit sich.

• Kulturelle Vielfalt führt häufig zu einer **Steigerung der Innovationskraft**, was der Wettbewerbsfähigkeit der deutschen Wirtschaft zugutekäme.

- **Toleranz und Weltoffenheit** in der Gesellschaft können bei einer geglückten Integration der Zuwandernden eine Stärkung erfahren.

**Gegen die Förderung von Zuwanderung** kann angeführt werden:

- Die Sozialsysteme können auch durch **andere Maßnahmen** stabilisiert werden (etwa Erhöhung des Rentenalters, stärkere Erwerbstätigkeit der Frauen).

- Die **Kosten für die Integration** von Zuwanderern belasten die öffentlichen Haushalte.

- **Mangelnde Sprach- bzw. Fachkenntnisse** verhindern häufig eine Besetzung von anspruchsvollen Stellen mit Zuwanderern.

- Im Falle von mangelnder Integration besteht die Gefahr der Entstehung von problematischen **Parallelgesellschaften** und der *Gettoisierung* von Teilen der Bevölkerung.

- Durch eine verstärkte Zuwanderung kann **Druck im Niedriglohnsektor** und innerhalb der sozial schwächeren Schichten entstehen; zudem herrscht verstärkte Konkurrenz auf dem Wohnungsmarkt.

- Teile der Bevölkerung fühlen sich durch die Zuwanderer in ihren Lebenschancen bedroht, wovon **populistische oder rechtsextreme Parteien profitieren**.

## 1.2 Soziale Ungleichheit und soziale Mobilität

### Dimensionen sozialer Ungleichheit

Menschen unterscheiden sich aufgrund von **natürlichen und individuellen Merkmalen** (wie etwa Größe, Haarfarbe oder bestimmten Persönlichkeitseigenschaften) sowie nach **momentanen Vor- und Nachteilen** (z. B. aufgrund eines Gewinns von einmalig 20.000 Euro). Es gibt aber auch **soziale**, d. h. gesellschaftlich bedingte **Ungleichheiten**. In den Sozialwissenschaften spricht man von sozialer Ungleichheit, wenn Menschen in einer Gesellschaft einen **unterschiedlichen Zugang zu knappen begehrten Ressourcen** (z. B. Geld, Bildungsabschlüsse) haben. Je mehr die Menschen von diesen Gütern besitzen, desto günstiger sind ihre Lebensumstände. Der Wert der Güter in einer Gesellschaft bemisst sich nach den herrschenden Vorstellungen vom Wünschenswerten. So kann etwa dem Gut „Geld" in unterschiedlichen Gesellschaften eine andere Bedeutung beigemessen werden.

Als klassische **Dimensionen sozialer Ungleichheit** gelten **materieller Wohlstand, Bildung, Macht** und **Prestige.** Manchmal wird der **Beruf** als eigene Dimension betrachtet. Vom Beruf hängen allerdings die anderen Dimensionen (z. B. materieller Wohlstand oder Prestige) zu einem wesentlichen Teil ab, sodass es im Sinne einer klaren Unterscheidung angebracht erscheint, den Beruf nicht als eigenständige Dimension zu führen.

| Basisdimensionen sozialer Ungleichheit | | | |
|---|---|---|---|
| **Dimensionen** | materieller Wohlstand | Bildung und Wissen | Macht | Prestige |
| **Indikatoren** | Gehalt/ Einkommen, Vermögen | Schulabschlüsse, Ausbildungen | Einfluss u. Entscheidungsbefugnisse, z. B. im politischen, wirtschaftlichen oder kulturellen Bereich | Ansehen des Berufs, soziale Herkunft |

Neben diesen traditionellen Dimensionen sozialer Ungleichheit kamen in den letzten Jahrzehnten auch **neuere Dimensionen** ins Blickfeld:
- Wohn- und Umweltbedingungen
- Freizeitbedingungen
- Arbeits- und Gesundheitsbedingungen
- Infrastruktur
- soziale Sicherheit

**Besondere Bedeutung der Bildung**

**Bildung** wird in der heutigen Zeit **immer wichtiger.** Wer über einen höherwertigen Bildungsabschluss oder über einen mittleren Bildungsabschluss mit qualifizierter beruflicher Ausbildung verfügt, hat unter Umständen **Vorteile** bzw. hat es in manchen Bereichen leichter, z. B.:
- höheres Einkommen
- höheres Ansehen
- mehr Möglichkeiten zur Weiterbildung

- größeres Vertrauen in die eigenen Fähigkeiten
- mehr Gestaltungsmöglichkeiten am Arbeitsplatz
- Schutz vor Arbeitslosigkeit
- bessere Wohnverhältnisse
- meist gesündere Lebensweise
- in der Regel stärkere Partizipation an der politischen Willensbildung

**Position, Status und soziale Mobilität**

- Unter der **sozialen Position** versteht man die Stellung, die ein Einzelner in einem sozialen Beziehungsgeflecht einnimmt.

- Mit der sozialen Position eng verbunden ist die **soziale Rolle**. Sie kann als **Summe der Verhaltenserwartungen**, die dem Inhaber einer Position entgegengebracht wird, verstanden werden.

- Der Begriff **Status** bezeichnet die Bewertung einer sozialen Position in einem sozialen System, d. h. die Einstufung eines Einzelnen in einem sozialen System. Es findet also eine Einstufung statt, ob einem Gesellschaftsmitglied eine höhere oder niedrigere Stellung gegenüber einem anderen zukommt. Die Statusbewertung bzw. Statuszuweisung ist abhängig von den **Statusfaktoren**, die bereits erwähnt worden sind (materieller Wohlstand, Bildung, Macht, Prestige).

- Wenn der Status eines Menschen in verschiedenen Dimensionen ähnlich hoch ist, spricht man von **Statuskonsistenz**. Wenn dagegen der Status eines Individuums in unterschiedlichen Dimensionen auseinanderklafft, wird dies mit dem Begriff **Statusinkonsistenz** bezeichnet (wenn z. B. ein Nachtclubbesitzer, der weder über eine höhere formale Bildung noch über ein hohes Prestige verfügt, wirtschaftlich äußerst erfolgreich ist).

- Der Status einer Person muss nicht immer gleich bleiben: Gibt es innerhalb der Dimensionen **Veränderungen** (z. B. durch einen Berufswechsel), ohne dass die Bewertung der sozialen Position sich verändert, spricht man von **horizontaler Mobilität**. Ist aber die Veränderung der Position mit einer Statusänderung im Sinne einer höheren oder niedrigeren Bewertung verbunden, wird diese Entwicklung als **vertikale Mobilität** bezeichnet.

- Im Unterschied zum Auf- oder Abstieg eines Menschen während seines Lebensweges (**Intra-Generationen-Mobilität**) kann man auch die Auf- oder Abstiege von Kindern im Vergleich zur Stellung der Eltern in den Blick nehmen (**Inter-Generationen-Mobilität**).

## Soziale Schichten und soziale Milieus

- Von einer **sozialen Schicht** spricht man, wenn Menschen bei den **Basisdimensionen** eine **ähnlich hohe Stellung** innehaben (vgl. S. 9). Man kann z. B. abhängig davon, welche Dimension herangezogen wird, **Bildungs- oder Einkommensschichten** unterscheiden. Will man ein Bild des gesellschaftlichen Schichtgefüges entwerfen, werden meist alle Basisdimensionen berücksichtigt. Allerdings können sich Menschen, die man aufgrund ihrer ähnlichen Stellung bei den Basisdimensionen zu einer Schicht zusammenfasst, in ihren **Haltungen und Mentalitäten** sehr stark **unterscheiden**.

- Mit „**sozialem Milieu**" bezeichnet man deswegen die Gruppe von Menschen, die durch **ähnliche Werthaltungen** und **Grundeinstellungen** geprägt ist.

## 1.3 Modelle sozialer Ungleichheit *(zweistündiger Kurs)

### Modelle der sozialen Schichtung

In der Soziologie wird versucht, die durch die sozialen Unterschiede geprägte Struktur der Gesellschaft in Modellen darzustellen. In den klassischen Schichtungsmodellen in der **Tradition des Haus-Modells** von Ralf Dahrendorf aus dem Jahr 1960 wird angestrebt, Gruppen von Menschen mit **ähnlichen äußeren Lebensverhältnissen** (in erster Linie Orientierung an der **beruflichen Stellung**) in Schichten zusammenzufassen. Man geht davon aus, dass Ähnlichkeiten bei der sozioökonomischen Lage auch zu ähnlichen Einstellungen in der Lebenswelt führen.

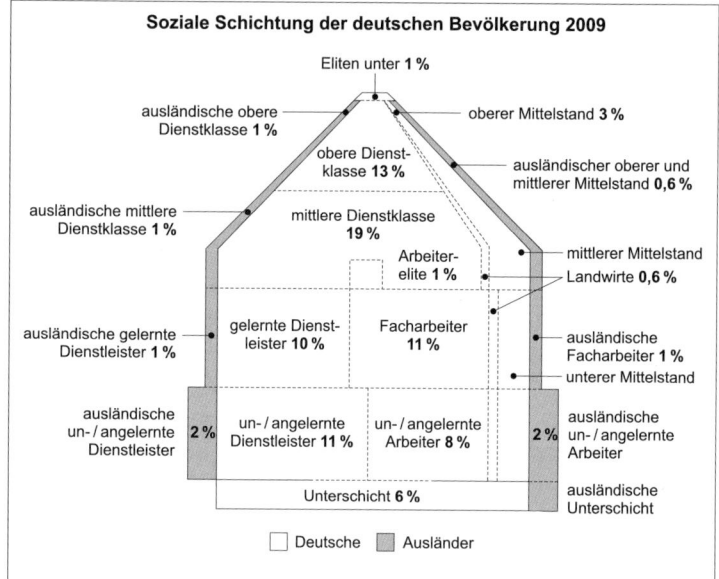

Hausmodell von R. Geißler

Diese Art von Schichtmodellen weist einige **Vorzüge** auf:

* **zweckmäßige Orientierung an der Berufsposition** als Schichtkriterium, weil andere Kriterien (wie Einkommen oder Prestige) damit eng verknüpft sind

* **klare und nachvollziehbare soziale Schichtung** der Gesellschaft; das gesellschaftliche „Oben" und „Unten" tritt deutlich hervor

* **Berücksichtigung** davon, dass Deutschland ein **Einwanderungsland** geworden ist

Allerdings gibt es auch **kritische Einwände:**

- relativ **grobes** und **undifferenziertes** Modell
- **wenig Berücksichtigung horizontaler Ungleichheiten** (etwa zwischen den Geschlechtern, zwischen jungen und alten Menschen oder zwischen in verschiedenen Regionen lebenden Menschen)
- **kein Einbezug von Mentalitäten und Einstellungen**
- **Orientierung am Status des Haushaltsvorstandes** bei der Einordnung (im Normalfall dem des Familienvaters), was bei zunehmender Vielfalt der Lebensstile nicht immer zeitgemäß ist

## Modelle der sozialen Lagen

Seit den 1980er-Jahren wurde der Fokus stärker auf **horizontale Ungleichheiten** gerichtet:

- Geschlecht
- Alter
- regionale Disparitäten
- ethnische Herkunft

Lagenmodelle weisen einige **Vorzüge** auf:

- recht **differenziertes Bild unterschiedlicher sozialer Lagen** durch die Verknüpfung mit dem vertikalen Kriterium Beruf und dem damit verbundenen Status
- Berücksichtigung auch neuer sozialer Ungleichheiten

Allerdings gibt es auch **kritische Einwände:**

- durch die Differenzierung vergleichsweise **komplexes Modell**
- immer noch **sehr starke Ausrichtung an den objektiven Lebensbedingungen** (Beruf, Einkommen) und **zu wenig Einbezug der Einstellungen, Mentalitäten und Wertorientierungen** der Menschen: Schichtzugehörigkeit und Schichtmentalität würden – so die Kritiker – in der Gesellschaft der Gegenwart nicht mehr zwangsläufig korrespondieren

## Modell der sozialen Milieus

Die **Sinus-Milieu-Modelle** versuchen der Forderung nach einer **differenzierteren Beschreibung der Gesellschaft** nachzukommen. Ursprünglich entstanden diese Milieu-Modelle in der **Konsumforschung**, um unterschiedliche Käuferschichten genauer zu charakterisieren. Von der Soziologie wurden dann die Vorteile dieses Ansatzes für die Analyse der Gesellschaft gesehen. In den für die Beschreibung der Gesellschaftsstruktur entwickelten Modellen wurde auf der einen Seite die **soziale Lage** auf der Grundlage von Einkommen, Beruf und Bildung der Menschen berücksichtigt, aber auf der anderen Seite gleichzeitig die jeweilige **Grundorientierung zur präzisen Bestimmung** der unterschiedlichen gesellschaftlichen Gruppen herangezogen. Mithilfe der sozialen Milieus werden Gruppen der Bevölkerung unterschieden, die sich nicht nur in den **äußeren Lebensbedingungen**, sondern auch in relativ tief verankerten **subjektiven Werthaltungen** und **Lebenseinstellungen** ähnlich sind.

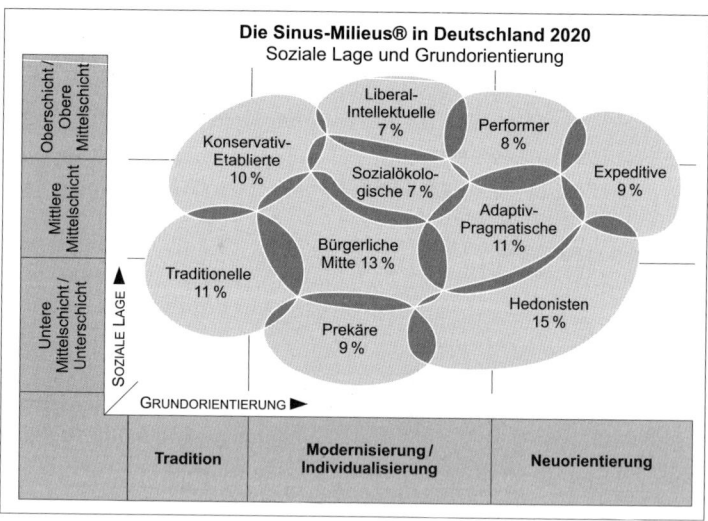

Sinus-Milieus

Als **Vorzüge** der Milieu-Modelle werden gesehen:

- **Annäherung an die komplexe Lebensrealität** durch Berücksichtigung von Mentalitäten/Einstellungen in Verbindung mit der sozialen Lage
- recht genaue Abbildung der differenzierten gesellschaftlichen Verhältnisse, **wirklichkeitsgetreues Bild**

Allerdings gibt es auch **kritische Einwände:**

- **zu starke Gewichtung der Grundorientierungen** und Mentalitäten bei gleichzeitiger Verwischung der Schichtunterschiede
- **überladenes Modell**; schwierige Orientierung nicht zuletzt wegen der ungewöhnlichen Begriffe zur Charakterisierung der Milieus

**Modell von Exklusion und Inklusion**

Beeinflusst durch die Forschungen französischer Soziologen in den 1990er-Jahren wird auch in der Bundesrepublik ein Ansatz aufgegriffen, der sich vor allem auf die **soziale Ausgrenzung bestimmter Gruppen der Gesellschaft** konzentriert. Dieser Ansatz unterscheidet sich in verschiedener Hinsicht von den klassischen Schicht- und Milieumodellen:

- Im Mittelpunkt der Betrachtung steht nicht mehr die vertikale Aufteilung der Gesellschaft in Ober-, Mittel- und Unterschicht, sondern es geht um die beiden **Pole „drinnen" und „draußen".**
- Während es bei den traditionellen Schicht- und Milieumodellen um graduelle Abstufungen von Ungleichheit geht, stehen bei diesen Modellen gesellschaftliche Brüche im Mittelpunkt, nämlich die Spaltung der Gesellschaft in **Zugehörige und Ausgeschlossene** bzw. An-den-Rand-Gedrängte.
- Bei diesem Ansatz geht es besonders um die Menschen, die in einer Gesellschaft **extrem benachteiligt** sind und in verschiedener Hinsicht **ausgegrenzt** sind.
- Besonderes Interesse der Forschung gilt dabei dem Zusammenhang der verschiedenen **Dimensionen von Exklusion.**

## 1.4 Bewertung und Entwicklung sozialer Ungleichheit

Gesellschaftliche Ungleichheiten werden sehr unterschiedlich bewertet: Vertreter **sozialdemokratisch und sozialistisch geprägter Denkweisen** sind der Meinung, dass es das Ziel der Politik sein muss, die sozialen Ungleichheiten in der Gesellschaft so weit wie möglich zu beseitigen, da sie Unterdrückung und Ausbeutung widerspiegelten und für die Gesellschaft schädlich seien. Die Vertreter **liberaler Denkschulen** sind dagegen der Auffassung, dass soziale Ungleichheiten eine wichtige Funktion besitzen. Eine auf Effizienz ausgerichtete moderne Gesellschaft sei ohne sie nicht vorstellbar, weil nur so Leistungsanreize geschaffen und der Leistungswille der Individuen angestachelt würde (funktionalistische Theorie der Ungleichheit). In den skandinavischen Ländern spielt die sozialdemokratische Tradition eine große Rolle. Im Gegensatz dazu sind die angelsächsischen Länder tendenziell eher vom liberalen Denkansatz geprägt.

In den meisten modernen Industriegesellschaften konnte in den Jahrzehnten **nach Ende des Zweiten Weltkriegs** eine **Verringerung der ökonomischen Ungleichheiten** beobachtet werden. Der Soziologe Helmut Schelsky prägte zur Charakterisierung des Schichtgefüges der Bundesrepublik den Begriff der „**nivellierten Mittelstandsgesellschaft**", um die Angleichung der Lebensverhältnisse und die damit verbundene Ausweitung der mittleren Schichten begrifflich zu fassen. Die seit Ende der 1960er-Jahre **festzustellende Bildungsexpansion** gab Anlass zur Erwartung einer immer weiter fortschreitenden **Chancengleichheit**. Allerdings lässt sich entgegen dieser Vorhersage seit den **1990er-Jahren** wieder eine **Zunahme der sozialen Einkommensungleichheiten** beobachten. Ein wesentlicher Grund für diese Entwicklung liegt in der angesichts des rasanten technologischen Fortschritts steigenden Nachfrage nach hoch qualifizierten Arbeitskräften bei gleichzeitig sinkender Nachfrage nach gering qualifizierten.

### Exkurs: Gini-Koeffizient zur Messung der sozialen Ungleichheit

Der **Gini-Koeffizient** (auch Gini-Index) gibt den Grad der Ungleichheit z. B. bei der Einkommensverteilung in einem Staat oder einer Region an. Er bezieht sich auf die sog. **Lorenz-Kurve**, welche darstellt, wie das Gesamteinkommen einer Bevölkerung auf verschiedene Anteile der Bevölkerung verteilt ist. Der Gini-Koeffizient kann einen beliebigen **Wert zwischen 0 und 1** annehmen. Je näher er an 1 ist, desto größer ist die Ungleichheit, je näher der Wert an 0 ist, desto gleicher ist die Verteilung. Der Gini-Koeffizient sagt allerdings über die genaue Struktur der Ungleichheitsverteilung nicht viel aus.

Im Allgemeinen werden Staaten, deren Gini-Koeffizient zwischen 0,5 und 0,7 liegt, als ziemlich einkommensungleich eingestuft. Bei einem Wert zwischen 0,2 und 0,35 spricht man von einer recht starken Einkommensgleichheit. Die Bundesrepublik Deutschland hatte im Jahr 2017 einen Wert von 0,29.

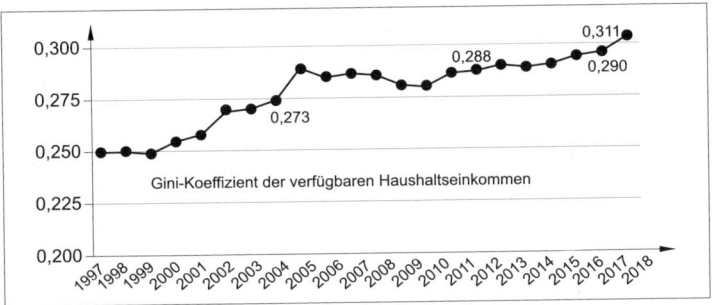

Entwicklung der Einkommensungleichheit 1997 bis 2018

### Ober-, Mittel-, Unterschicht

Für die Gesellschaft der Bundesrepublik wird häufig eine Unterscheidung in Ober-, Mittel- und Unterschicht vorgenommen. Allerdings ist es sehr **schwer**, die **Schichten** (vgl. S. 11) **genau voneinander abzugrenzen**. Nach einer geläufigen Einteilung wird bei 70 % des mittleren Einkommens die Grenze zur Unterschicht und bei 150 % des mittleren Einkommens die Grenze zur Oberschicht gezogen. Dennoch sind diese **Grenzziehungen** insgesamt **recht willkürlich**. Die Schwierigkeit, die Schichten zu definieren und zu charakterisieren, spiegelt die Entwicklung wider, dass in unserer Gesellschaft die klaren Grenzen zwischen den einzelnen Schichten aufgeweicht wurden.

| Schicht | Beruf |
|---|---|
| Oberschicht | z. B. Großunternehmer, Topmanager, Spitzenpolitiker |
| Obere Mittelschicht | z. B. leitende Beamte/Angestellte, Professoren, Ärzte |
| Mittlere Mittelschicht | z. B. mittlere Angestellte und Beamte, Handwerksmeister, hoch qualifizierte Facharbeiter, Einzelhändler |
| Untere Mittelschicht | z. B. untergeordnete Beamte und Angestellte, Handwerker, Facharbeiter, kleine Einzelhändler |
| Obere Unterschicht | z. B. unterste Beamte und Angestellte, Kellner, Handwerker, kleine Gewerbetreibende, qualifizierte Arbeiter |
| Untere Unterschicht | z. B. Straßenarbeiter, Landarbeiter, Hilfsarbeiter |
| Sozial Verachtete | z. B. Handlanger, Gelegenheitsarbeiter |

Soziale Schichtung nach Status und Prestige

## Wandel des gesellschaftlichen Schichtgefüges

Als wesentliche Tendenzen des Wandels beim gesellschaftlichen Schichtgefüge kann man festhalten:

- Es lässt sich zwar in den letzten Jahrzehnten eine **Lockerung des Schichtgefüges** feststellen, die sich in einer Pluralisierung der Lebensformen sowie einer Zunahme von Mobilität niederschlägt. Dennoch lösen sich die Schichten nicht auf und **Mobilitätsbarrieren** (z. B. höherer Anteil an Studierenden aus Akademikerfamilien als aus Nicht-Akademikerfamilien) sind nach wie vor vorhanden.

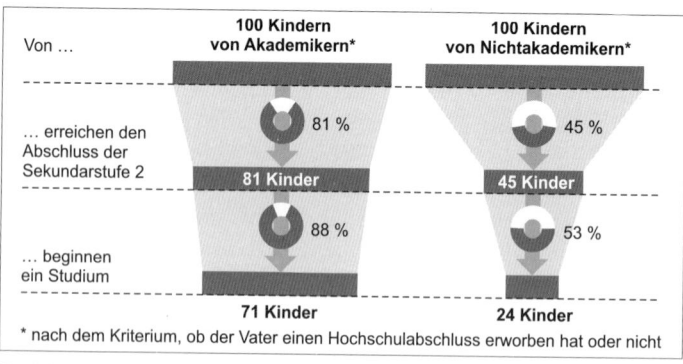

Der Bildungstrichter

- In den letzten zwei Jahrzehnten kann man allgemein ein **Auseinanderdriften von „oben" und „unten"** beobachten.

- Die **eigentliche Elite** umfasst einen **relativ kleinen** Kreis (die „Kernelite" besteht nach dem Soziologen Michael Hartmann aus ca. 1 000 Personen), der mit einer deutlichen Steigerung des materiellen Wohlstands und einem Zugewinn an Macht als Gewinner des Modernisierungsprozesses der Globalisierung betrachtet werden kann.

- Die **Mittelschicht** (70 %–150 % des mittleren Einkommens) umfasst etwas mehr als **60 % der Deutschen.** Es ist ein **leichter Schrumpfungsprozess** zu beobachten; zwar ist bei der materiellen Situation der Mittelschicht alles in allem keine Verschlechterung eingetreten, doch herrscht im **mentalen Bereich** eine gewisse **Verunsicherung (Abstiegsängste)**, die sich auf die abnehmende Arbeitsplatzsicherheit und den größeren Konkurrenzdruck zurückführen lässt.

- Menschen, die den unteren Schichten (unter 70 % des mittleren Einkommens) zugerechnet werden, üben in der Regel berufliche Tätigkeiten im **Niedriglohnbereich** aus. Zu den unteren Schichten werden meist die ausführenden Erwerbstätigen, in erster Linie die **Hilfs- und angelernten Arbeiter** sowie **Angestellte mit Routinetätigkeiten** gezählt. Ihre Aufstiegschancen sind oft aufgrund fehlender Bildungsabschlüsse schlecht. Nachdem lange Zeit die Zahl derer, die unteren Schichten zugeordnet worden sind, abgenommen hat, ist vor allem aufgrund des schnellen **technischen Fortschritts** in Zeiten der **Globalisierung** wieder eine Zunahme festzustellen.

# 2   Wandel der Gesellschaft

## 2.1 Familie

### Definition Familie und Familienformen

Nach dem **traditionellen Verständnis** wurde unter Familie die auf die Ehe gründende Gemeinschaft der **Eltern mit ihren Kindern** begriffen. Die Vorstellung von Familie ist in den letzten Jahrzehnten aber starken Veränderungen unterworfen gewesen. Während lange Zeit das Zusammenleben von Eltern mit einem oder mehreren Kindern als der Normalfall angesehen wurde, hat sich der Familienbegriff in den letzten Jahrzehnten gewandelt und **das heutige Familienbild ist so vielfältig wie nie zuvor.** Aufgrund der **stark gestiegenen Scheidungsrate** und des **eingetretenen Wertewandels** (vgl. S. 28 ff.) gibt es heute eine große Bandbreite an sozialen Lebensformen, die als Familie verstanden werden:

- Eltern mit Kind(ern)
- Alleinerziehende mit Kind(ern)
- verschiedengeschlechtliche Partner mit Kind(ern) aus früheren Ehen
- gleichgeschlechtliche Paare mit Kind(ern) („Regenbogenfamilien")

Das neue Verständnis von Familie hat auch in der amtlichen Statistik seinen Niederschlag gefunden, denn in ihr werden alle Eltern-Kind-Gemeinschaften (also einschließlich der gleichgeschlechtlichen Paare mit Kindern, Alleinerziehenden und Patchwork-Familien) als Familie bezeichnet. Ganz vereinfacht lässt sich sagen, dass **Familie da ist, wo Kinder großgezogen werden.**

### Funktionen der Familie

Die Familie hat sich trotz aller Änderungen in der Form als sehr **konstante Einrichtung** erwiesen und erfährt auch bei der jungen Generation eine **hohe Wertschätzung.** Sie erfüllt eine Reihe äußerst wichtiger Funktionen:

- **Reproduktionsfunktion:** Sicherung des Weiterbestands der Familie und der Gesellschaft
- **Haushaltsfunktion:** Absicherung der Familienmitglieder, Versorgung mit Nahrung, Wohnraum, Kleidung
- **Erziehungs- und Sozialisationsfunktion:** Erziehung der Kinder, Vermittlung von Werten und Normen
- **Platzierungsfunktion:** Bemühungen um Sicherung einer bestimmten sozialen Position für die Kinder
- **Regenerationsfunktion:** emotionaler Rückhalt und Erholung der Mitglieder, Schutzraum

---

**Die Familie bleibt der wichtigste Lebensbereich**

Frage: „*Wenn Sie einmal Familie, Beruf, Hobbys und Freundeskreis in eine Rangfolge bringen: Was ist für Sie das Wichtigste, was steht an erster Stelle? Würden Sie sagen die Familie, der Beruf, Hobbys und Interessen, der Freundeskreis?*"

|  | **2006** | **2016** |
|---|---|---|
| Die Familie | 76 % | 79 |
| Der Freundeskreis | 8 | 10 |
| Der Beruf | 8 | 6 |
| Hobbys und Interessen | 4 | 4 |

---

Prioritäten im Leben

## Bedingungsfaktoren für den Wandel der Familienformen

Manche betrachten die in den ersten Jahrzehnten der Bundesrepublik typische Familienform mit Vater, Mutter und meist ein oder zwei Kindern als **Normalform** und die später sich entwickelnde Auffächerung der Familienformen als Verfallserscheinung. Dagegen ist einzuwenden, dass sich **Familienformen zu allen Zeiten gewandelt** haben und stets von ökonomischen und sozialen Rahmenbedingungen abhängig waren. Außerdem gab es die meisten der heute vorkommenden Familienformen bereits früher, nur in geringerer Zahl. Folgende **Faktoren** spielen **für die zunehmende Vielfalt von Lebensformen** in der Gegenwart eine wichtige Rolle:

- die Erhöhung des Wohlstandsniveaus
- die Entwicklung des Wohlfahrtsstaates
- die Emanzipation der Frau
- die Höherqualifizierung der Bevölkerung
- die veränderten Anforderungen des Arbeitsmarktes
- der allgemeine Wertewandel

## Förderung der Familien

Nach dem Grundgesetz stehen **Ehe und Familie** unter dem **besonderen Schutz** des Staates (GG, Art. 6,1). Zur Förderung der Familien gibt es in der Bundesrepublik eine Reihe **familienpolitischer Leistungen**, z. B.:

- **Kindergeld:** für das erste und zweite Kind 204 Euro im Monat, für das dritte 210 Euro und ab dem vierten Kind 235 Euro (Stand 2020)
- steuerliche Entlastung durch **Kinderfreibetrag** (Betrag wird vom zu versteuernden Einkommen abgezogen): 5 172 Euro (2020, bei gemeinsamer Veranlagung der Eltern)
- **Familienzeitregelung:** 14 Wochen Mutterschutz; Elternzeit bis zu drei Jahren (zwischen den Eltern aufteilbar)
- **Elterngeld:** bei Aufgabe der Erwerbstätigkeit Elterngeld in Höhe von 67 % des Nettoeinkommens (max. 1 800 Euro) für 12 Monate; nehmen beide Elternteile Elternzeit, gibt es zwei zusätzliche Monate Elterngeld (der zweite Elternteil muss mind. 2 Monate in Anspruch nehmen); das **ElterngeldPlus** ermöglicht einen längeren Bezug bei geringeren Zahlungen (maximal 28 Monate)
- **Recht auf Kindergartenplatz** für Kinder ab drei Jahren bzw. **Anspruch** bei Kindern ab Vollendung des ersten Lebensjahres **auf einen Kitaplatz** bzw. auf die Betreuung durch eine Tagesmutter

Als Ziele der **familienpolitischen Leistungen** sind zu unterscheiden:
- wirtschaftliche Sicherheit der Familien
- gute Förderung der Kinder
- Vereinbarkeit von Familie und Beruf

Um den **Erfolg der angebotenen Leistungen** messen zu können, werden üblicherweise **folgende Indikatoren** herangezogen:
- Betreuungsquote
- Frauenerwerbsquote
- Armutsgefährdungsquote
- Geburtenrate

Als besonders wichtig wird erachtet, Bedingungen zu schaffen, die es Frauen ermöglichen, das **Aufziehen von Kindern mit ihrer Berufstätigkeit zu vereinen.** Frauen werden sich eher für Kinder entscheiden, wenn sie nicht zugunsten der Kinder auf eine berufliche Karriere verzichten müssen. Außerdem verbessert sich durch die Berufstätigkeit der Mütter meist die materielle Situation der Familien. Hinzu kommt, dass sich eine Berufstätigkeit ohne lange Erziehungspausen günstig auf die soziale Absicherung der Frauen im Alter auswirkt. Folgende **Entwicklungen in Staat, Gesellschaft und Wirtschaft** wären dafür z. B. **vorteilhaft:**

- weitere Verbesserung der **Kinderbetreuungsmöglichkeiten**
- flächendeckendes Angebot von **Ganztagsbetreuung** an Schulen
- **familiengerechte Arbeitszeitregelungen:** z. B. Ausbau von flexiblen Arbeitszeiten und Home-Office-Modellen
- Schaffung von **Jobsharing-Modellen**
- **Angleichung der Bezahlung** von Männern und Frauen
- **stärkere Berücksichtigung von Frauen** bei der Besetzung von **Führungspositionen**

## 2.2 Berufs- und Arbeitswelt

### Von der Industriegesellschaft zur industriellen Dienstleistungsgesellschaft

In seinem 1949 erschienenen Werk *Die große Hoffnung des 20. Jahrhunderts* unterschied der französische Soziologe Jean Fourastié drei verschiedene Sektoren der Produktionsstruktur:

- den **primären Sektor** der Produktgewinnung (Landwirtschaft, Forstwirtschaft, Fischerei)
- den **sekundären Sektor** der Produktverarbeitung (Industrie und Handwerk, Baugewerbe)
- den **tertiären Sektor** der Dienstleistungen (in Bereichen wie Handel, Verkehr, Verwaltung, Bildung, Wissenschaft u. a.)

Fourastié beschrieb mit diesem **Drei-Sektoren-Modell** einen sozio-ökonomischen Strukturwandel. Nach seiner Auffassung verschiebt sich der Schwerpunkt bei Gesellschaften zuerst vom primären Sektor auf den sekundären Sektor und dann vom sekundären zum tertiären Sektor. **Agrargesellschaften** entwickeln sich nach dieser Theorie erst zu **Industriegesellschaften**, anschließend zu **Dienstleistungsgesellschaften**. Die Bundesrepublik Deutschland konnte bis in die 1970er-Jahre als Industriegesellschaft charakterisiert werden, da ganz eindeutig sowohl hinsichtlich der Werterzeugung als auch hinsichtlich der Beschäftigtenzahl der sekundäre Sektor dominierte. Ab Mitte dieses Jahrzehnts lässt sich der Übergang zur Dienstleistungsgesellschaft beobachten. Dieser Prozess der **Tertiärisierung** hat sich in Zeiten des digitalen Wandels noch weiter verstärkt. Im Jahr 2018 waren im primären Sektor 1,4 % der Erwerbstätigen beschäftigt, im sekundären Sektor (inkl. Baugewerbe) 24,1 % und im Dienstleistungssektor 74,5 %. Da ein großer Teil der Dienstleistungen produktionsbezogen ist, also der Planung und Durchführung der Güterproduktion sowie der Verteilung der Güter dient, ist der Begriff „**industrielle Dienstleistungsgesellschaft**" zur Charakterisierung der Bundesrepublik (und anderer entwickelter Industriegesellschaften) zweckmäßig. Er verdeutlicht die enge Verbindung zwischen Güterproduktion und Dienstleistungen.

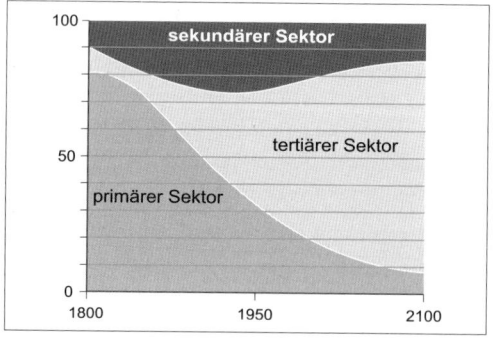

Entwicklung der Wirtschaftssektoren nach Jean Fourastié; hier am Beispiel Frankreichs

**Entstandardisierung der Beschäftigungsverhältnisse**

Seit Anfang der 1990er-Jahre ist der Anteil der Erwerbstätigen in sogenannten „**Normalarbeitsverhältnissen**" (vollbeschäftigt, zeitlich unbefristet, oft tariflich geregelt) zunächst kontinuierlich zurückgegangen, während gleichzeitig neue Formen der Beschäftigung, die atypischen Beschäftigungsverhältnisse, zugenommen haben. Erst seit ca. 2010 ist ein Wiederanstieg der in Vollzeit sozialversicherungspflichtig Beschäftigten zu verzeichnen. Zu den **atypischen Beschäftigungsverhältnissen** werden gezählt:

• Beschäftigung in Teilzeit
• geringfügige, nicht sozialversicherungspflichtige Beschäftigung (Mini-Jobs)
• befristete Beschäftigung
• Leiharbeit

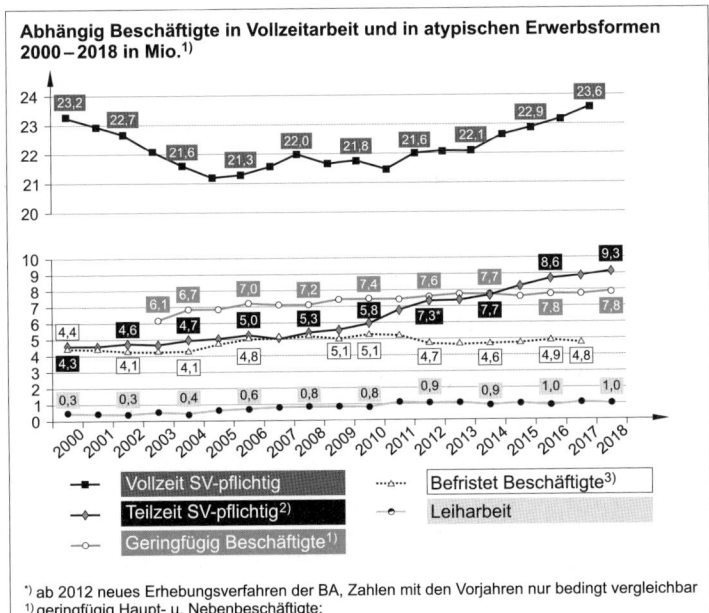

Einordnung der abhängig Beschäftigten

Wegen der Zunahme der atypischen Beschäftigungsverhältnisse kam es auch zu einem signifikanten **Anstieg der Niedrigeinkommen**. Betroffen davon sind vor allem Menschen mit geringen beruflichen Qualifikationen. Man spricht in diesem Zusammenhang auch von **Prekarisierung** (von lat. *precarius:* misslich, schwierig, heikel) der Arbeitsverhältnisse, da es den Betreffenden damit kaum möglich ist, durch das erzielte Einkommen ihre Existenz zu bestreiten. Allerdings sind nicht alle Menschen in atypischen Arbeitsverhältnissen auch zugleich in einer prekären Lage. Besonders Teilzeitarbeit wird oftmals freiwillig in Anspruch genommen, um beispielsweise Kinder zu betreuen. Durch diesen Prozess der Prekarisierung fand tendenziell eine Spaltung des Arbeitsmarktes in sichere und ordentlich bezahlte sowie unsichere und schlecht bezahlte Arbeitsplätze statt. Mit Maßnahmen wie der Einführung des **Mindestlohns** wird versucht, diesen Entwicklungen entgegenzuwirken.

### Trends bei der Erwerbsarbeit

Bei der modernen Erwerbsarbeit sind aufgrund des rasanten **technischen Fortschritts** und der **digitalen Revolution** folgende Trends zu erkennen:

- Traditionelle Erwerbsbiografien (Ausbildung, Arbeit in einer Firma auf der Grundlage dieser Ausbildung, Ruhestand) werden seltener, **diskontinuierliche Erwerbsbiografien** nehmen zu.

- **Atypische Arbeitsverhältnisse** (z. B. Honorar- oder Zeitverträge, Projektvereinbarungen, Leiharbeit, Teilzeitarbeit, Minijobs) spielen eine **bedeutende Rolle**.

- **Berufliche Flexibilität** und **lokale Mobilität** sind Voraussetzungen für beruflichen Erfolg.

- **Lebenslanges Lernen** am Arbeitsplatz wird selbstverständlich.

- Es kommt zu einer **Aufwertung digitaler Grundkompetenzen**, einer Zunahme fachübergreifender Anforderungen und universeller Fähigkeiten.

- Eine weitere Abnahme der Anzahl der Erwerbstätigen in den klassischen Produktionsbetrieben findet statt; eine **zunehmende Nachfrage** gibt es z. B. in den Bereichen **wissensbasierte Dienstleistungen**, soziale Dienste, Freizeit- und Gesundheitsindustrie, Logistik.

- **Neue Erwerbsformen** (z. B. Zunahme der Selbstständigkeit, teamorientierte Projektarbeit) gewinnen an Bedeutung, **flexible Arbeitszeiten** werden zum Normalfall.

- **Hierarchien** werden in Unternehmen **abgebaut**, da sie als zu unbeweglich und ineffektiv eingeschätzt werden; Teilautonomie und Selbstmanagement werden wichtiger.

### Nachfrage nach Arbeitskräften als Folge des demografischen Wandels

Als Folge des demografischen Wandels kommt es in den nächsten Jahren zu einem Rückgang der Zahl der Erwerbstätigen, sodass sich vor allem bei hochqualifizierten Arbeitskräften der bereits vorhandene Mangel verstärken wird. Folgende Möglichkeiten können helfen, eine die wirtschaftliche Wachstumsperspektive bedrohende **Knappheit bei personellen Ressourcen zu verhindern:**

- wirksamere Ausschöpfung des Potenzials **weiblicher Arbeitskräfte** z. B. durch bessere Vereinbarkeit von Familie und Beruf (vgl. S. 5)

- Schaffung von Möglichkeiten, **ältere Mitarbeiter** länger als bisher zu beschäftigen

- Förderung eines bedarfsgesteuerten Zuzugs **ausländischer Fachkräfte** (vgl. S. 7 f.)

- Qualifizierung und Aktivierung von **Arbeitslosen**

- Straffung von Ausbildungen, um **früheren Berufseintritt** zu erreichen

## 2.3 Werte

### Unterscheidung von Werten und Faktoren für Wertewandel

Jeder Mensch hat eine Vorstellung davon, was für ihn wertvoll ist. Werte sind – obwohl das dem Einzelnen nicht immer bewusst ist – bedeutsam für Entscheidungen eines Menschen. Sie besitzen also eine **Orientierungs- und Steuerungsfunktion** für das individuelle Handeln. Es lassen sich **verschiedene Werte** unterscheiden:

- moralische bzw. persönliche Werte: z. B. Liebe, Vertrauen, Treue, Verständnis
- politisch-soziale Werte: z. B. Freiheit, Gleichheit, Solidarität, Engagement, Toleranz
- religiöse Werte: z. B. Glaube, Nächstenliebe, Demut
- materielle Werte: z. B. Wohlstand, Besitz, Geld
- geistige Werte: z. B. Wissen, Weisheit, Erkenntnis
- instrumentelle Werte (die zum Erreichen anderer Werte dienen): z. B. Fleiß, Disziplin, Mut

Unter **gesellschaftlichen Werten** versteht man die in einer Gesellschaft **allgemein akzeptierten Vorstellungen**, die sich auch ändern können. Der Begriff **Wertewandel** bezeichnet diesen Wandel gesellschaftlicher und damit verbunden individueller Normen und Wertvorstellungen. Der Wertewandel wird dabei durch die Veränderung der Lebensumstände bewirkt. Als **Faktoren, die den Wertewandel verursachen**, lassen sich anführen:

- demografische Veränderungen
- technologische Entwicklung
- steigendes Bildungsniveau
- zunehmender Wohlstand
- Ausbreitung der Massenkommunikation
- wachsende geografische Mobilität

**Theorien zum Wertewandel *(zweistündiger Kurs)**

Nach der Theorie Ronald Ingleharts (1989) rücken mit steigendem Wohlstand materialistische Werte in den Hintergrund, während **postmaterialistische Werte** wie Selbstverwirklichung und Autonomie **wichtiger** werden. Die Auffassungen Ingleharts beruhten auf zwei zentralen Annahmen:

- **Menschen begehren** das, was in der Gesellschaft **relativ knapp** ist. In der Mangelsituation nach Ende des Zweiten Weltkriegs stand deswegen etwa die Befriedigung materieller Bedürfnisse im Vordergrund. Erst als diese Mangelsituation überwunden war, gewannen postmaterielle Werte an Bedeutung.

- **Grundlegende Werte** des Menschen werden in seinen **jungen Jahren** (der formativen Periode) geprägt und bleiben dann über das gesamte Leben hinweg relativ stabil.

Die Entwicklung in der Bundesrepublik schien Ingleharts Theorie zu bestätigen. Durch empirische Untersuchungen ließ sich belegen, dass zwischen den 1970er- und den 1990er-Jahren der Anteil der „Materialisten", für welche Pflicht- und Akzeptanzwerte wie Disziplin, Gehorsam, Einordnung und Leistungsbereitschaft eine hohe Bedeutung hatten, abnahm. Der Anteil der „Postmaterialisten" hingegen stieg an. Für sie spielte das Ziel der Selbstentfaltung eine leitende Rolle.

In einem gewissen Widerspruch zu Ingleharts Theorie lässt sich jedoch seit den 1990er-Jahren in der Bundesrepublik eine **Stagnation bei den postmaterialistischen Einstellungen** und eine Zunahme des Anteils der Menschen, die nicht mehr eindeutig einem der beiden Pole „materialistisch" oder „postmaterialistisch" zuzuordnen sind, beobachten. Bei genauerer Analyse der Veränderung konnte man bei den **Selbstentfaltungswerten eine materialistische und eine idealistische Variante** erkennen. Bei der materialistischen Variante war die Vorstellung von Selbstentfaltung eng mit materiellen Möglichkeiten verbunden (z. B. Auto, Haus, Reisen), während bei der idealistischen Variante weiterhin Autonomie und soziale Werte im Vordergrund standen.

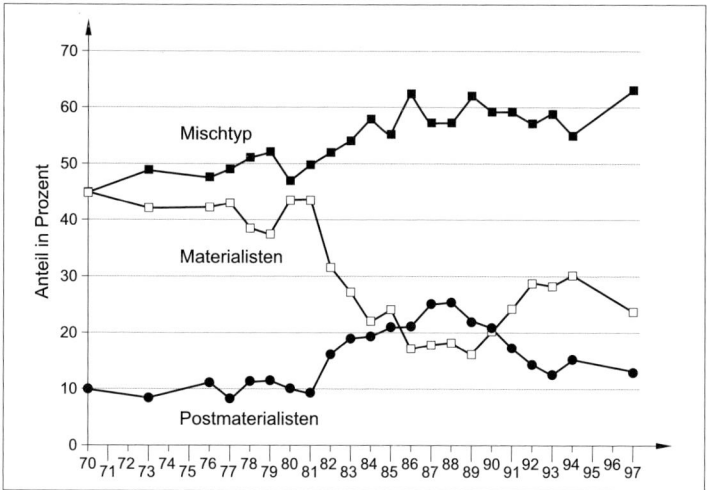

Materialisten und Postmaterialisten im Vergleich

Der Soziologe Helmut Klages (2001) unterscheidet zur differenzierteren Erfassung der Wertorientierung **fünf Wertetypen**:

| | Pflicht- und Akzeptanzwerte | Hedonistisch-materialistische Selbstentfaltung | Idealistische Selbstentfaltung |
|---|---|---|---|
| Konventionalisten | hoch | niedrig | niedrig |
| Perspektivlos Resignierte | niedrig | niedrig | niedrig |
| Aktive Realisten | hoch | hoch | hoch |
| Hedonistische Materialisten | niedrig | hoch | niedrig |
| Non-konforme Idealisten | niedrig | niedrig | hoch |

Hintergrund der Entwicklung differenzierter Werthaltungen sind meist tiefgreifende Veränderungsprozesse, wie beispielsweise:

• **Digitale Revolution und Globalisierung:** Der rasante Wandel bietet vielen Menschen ungeahnte Möglichkeiten, ist aber auch mit starken Gefühlen der Verunsicherung verbunden.

- **Europäische Integration:** Durch das Voranschreiten der Europäischen Einigung boten und bieten sich neue Chancen, doch fühlen sich manche Menschen z. B. durch die stärkere Konkurrenz auf dem Arbeitsmarkt auch bedroht.

- **Deutsche Wiedervereinigung:** Für fast 17 Millionen ehemalige DDR-Bürger brachte die Vereinigung der beiden deutschen Staaten einen starken Veränderungsdruck mit sich; viele hatten das Gefühl, ein völlig neues Leben anfangen zu müssen, nicht über die gleichen Chancen wie die westdeutschen Landsleute zu verfügen und auch materiell benachteiligt zu sein.

Wegen der fundamentalen Veränderungen, die in kurzer Zeit zu bewältigen sind, ist gerade bei jungen Menschen das **Bedürfnis nach Sicherheit** wieder gewachsen. Familie und Freundeskreis haben als verlässliche Basis für das eigene Leben eine neue Wertschätzung erfahren (*Re-Grounding*). Auf der anderen Seite bietet die **Digitalisierung** immense Möglichkeiten für neue Erfahrungen und Horizonte, was sich auch auf die eigenen Einstellungen auswirkt. Das Set an Werten, welches das eigene Verhalten bestimmt, wird häufiger angepasst und ist nicht mehr so kohärent wie in früheren Zeiten. Ist diese prinzipielle Aufgeschlossenheit für Neues aber nicht gegeben, sondern überwiegt die Angst vor Veränderungen, lässt sich oft auch ein Festhalten an den Werten einer vermeintlich „guten alten Zeit" feststellen.

# 3 Sozialstaat und soziale Sicherung

## 3.1 Grundlagen und Bedeutung des Sozialstaats

Im Grundgesetz wird die **Sozialstaatlichkeit** an zwei Stellen angesprochen:

- **Art. 20 Abs. 1** bestimmt, dass die Bundesrepublik ein „**sozialer Bundesstaat**" ist.

- In **Art. 28 Abs. 1** wird die Bundesrepublik als „**sozialer Rechtsstaat**" definiert.

Neben der Demokratie, der Rechts- und Bundesstaatlichkeit stellt die Sozialstaatlichkeit eine der **unaufhebbaren Strukturprinzipien** der Verfassung dar und bildet gemeinsam mit den Grundrechten den im Wesensgehalt **nicht veränderbaren Verfassungskern**.

- Durch die Sozialstaatlichkeit soll verhindert werden, dass die Unterschiede zwischen Arm und Reich zu stark wachsen; es wird eine **Nivellierung der Unterschiede** angestrebt.

- Jedem Bürger soll ein **gewisses Maß an sozialer Sicherheit** garantiert werden. Ein funktionierender Sozialstaat hat für die Demokratie eine große Bedeutung, weil ein Bürger nur dann am gesellschaftlichen Leben teilnehmen kann, wenn er über ein bestimmtes Maß an sozialer Versorgung verfügt. Ein zu großes Maß an Ungleichheit würde das **Versprechen der Demokratie** infrage stellen, den Bürgern **Chancengleichheit** zu ermöglichen.

## 3.2 Kernprinzipien des Sozialstaats

Man kann **drei Kernprinzipien** unterscheiden, welche die **Art der Risikovorsorge sowie deren Finanzierung** regeln:

| Kern-prinzipien | Versicherungsprinzip | Versorgungsprinzip | Fürsorge-prinzip |
|---|---|---|---|
| Personen-kreis | Mitglieder der Sozial-versicherungen (z. B. Krankenversicherung) | soziale Sicherung von Beamten oder auch Ent-schädigungen für Opfer von Katastrophen oder Krieg | Personen in Notlage |
| Leistungs-anspruch | Leistungen beim Eintreten des Versicherungsfalls (z. B. Übernahme der Krankheitskosten) | Zahlungen bei Vorliegen gesetzlich bestimmter Merkmale, z. B. bei Beam-ten Pension oder Beihilfe | Hilfe bei Bedürf-tigkeit, z. B. ALG II, Sozial-hilfe, Wohngeld |
| Gegen-leistung | Beiträge zur Versicherung (z. B. bei Krankenversi-cherung: momentan 7,3 % des Gehalts) | nichtmaterielle Leistungen für die Gemeinschaft, z. B. bei Beamten besonderes Loyalitätsverhältnis zum Staat (etwas Streikverbot) | keine |
| Finan-zierung | Versicherungsbeiträge (und Steuermittel) | Steuermittel | Steuermittel |

Grundprinzipien der sozialen Sicherung

Der Sozialstaat ist durch folgende **sozialethische Prinzipien** bestimmt:

- Als allgemeines Prinzip liegt dem modernen Sozialstaat das **Subsidiaritätsprinzip** zugrunde, d. h. dass soziale Probleme nach Möglichkeit auf der **niedrigsten Ebene** gelöst werden sollen. Selbsthilfe und Eigenvorsorge bilden die erste Stufe. Erst wenn der Einzelne nicht mehr in der Lage ist, sich selbst zu helfen, kommt als nächste Stufe die Unterstützung der eigenen Familie sowie freier, nichtstaatlicher Träger (z. B. Nachbarschaftshilfe, kirchliche Unterstützung) ins Spiel. Wenn eine Notsituation auf diesen Ebenen nicht bewältigt werden kann, erfolgt am Ende die Aufgabenübernahme durch den Staat.

- Ein weiteres allgemeines Prinzip ist das **Solidaritätsprinzip**, welches beinhaltet, dass der Einzelne für die Gemeinschaft Leistungen zu erbringen hat, dass aber auch umgekehrt die Gemeinschaft sich um das Wohlergehen der einzelnen Gesellschaftsmitglieder sorgt. Der sogenannte **Generationenvertrag** basiert beispielsweise auf einem Solidaritätsempfinden.

- Bei der Rentenversicherung lässt sich auch das **Äquivalenzprinzip** erkennen, denn die Höhe der Renten ist abhängig von der Dauer und der Höhe der eingezahlten Rentenbeiträge.

## 3.3 Herausforderungen des Sozialstaats

### Auswirkung des Bevölkerungsrückgangs auf die Sozialversicherungssysteme

Durch die niedrige Geburtenrate und die Erhöhung der Lebenserwartung gerät die **Finanzierung des sozialen Sicherungssystems**, also der Renten-, Kranken- und Pflegeversicherung, **unter Druck**.
In der Bundesrepublik Deutschland bildet die **gesetzliche Rentenversicherung** die Grundlage für die Versorgung von über 90 Prozent der älteren Menschen im Ruhestand. Seit der im Jahr 1957 beschlossenen Rentenreform wird die Sicherung der Rentenansprüche durch das sogenannte **Umlageverfahren** vorgenommen. Das bedeutet, dass die Arbeitnehmer ihre Einzahlungen im Alter nicht als Rente wiederbekommen, sondern dass sie mit ihren Beiträgen die Renten der gegen-

wärtigen Rentenbezieher finanzieren, während ihre eigenen Renten dann von der im Erwerbsleben stehenden nachfolgenden Generation bestritten werden ("**Generationenvertrag**"). Aufgrund des sich stark erhöhenden Anteils von zu versorgenden Rentnern gegenüber den Beiträge abführenden Erwerbstätigen sind Änderungen nötig, um das System als Ganzes stabil zu halten. Folgende Möglichkeiten sind z. B. vorstellbar:

- Erhöhung des Beitragssatzes für die Rentenversicherung
- Erhöhung des Renteneintrittsalters
- Absenkung des Rentenniveaus
- Förderung von Zuwanderung
- Verkürzung von Ausbildungszeiten und damit Herabsetzung des durchschnittlichen Berufseintrittsalters
- Erhöhung des Anteils erwerbstätiger Frauen
- teilweise Finanzierung der Ausgaben der Rentenversicherung aus Steuermitteln
- Förderung privater Vorsorge
- Förderung von vermehrten betrieblichen Altersvorsorgemaßnahmen

Wie die Rentenversicherung ist auch die **gesetzliche Krankenversicherung** im Umlageverfahren organisiert. Durch die demografische Alterung der Gesellschaft **erhöhen** sich die **Gesundheitsausgaben**, da ältere Menschen häufiger erkranken als jüngere. Gleichzeitig **verringert** sich aufgrund des demografischen Wandels die **Summe der Beitragszahler**, was zu sinkenden Einnahmen der Krankenversicherungen führt. Hinzu kommt, dass der medizinisch-technische Fortschritt mit dem **Zuwachs an Therapiemöglichkeiten** zu steigenden Kosten im Gesundheitswesen führt.

Mögliche Maßnahmen zur Sicherung der Finanzierung der Ausgaben im Gesundheitswesen sind z. B.:

- Erhöhung der Krankenversicherungsbeiträge
- Reduzierung der übernommenen Leistungen
- Erhöhung der Eigenbeteiligung der Versicherten
- Verbesserung der Prophylaxe
- Förderung der Konkurrenz bei den Anbietern medizinischer und pharmazeutischer Leistungen

- Förderung der privaten Absicherung durch staatliche Anreize
- Zuzahlungen bei versäumten Vorsorgeuntersuchungen

Die demografische Alterung führt auch zu erhöhten Ausgaben bei der **Pflegeversicherung**. Verstärkt wird diese Tendenz durch die Tatsache, dass die Zahl der kinderlos gebliebenen Pflegebedürftigen ansteigt, sodass in höherem Maß außerfamiliäre Pflegeleistungen in Anspruch genommen werden müssen. Auch bei der Pflegeversicherung müssen Reformen durchgeführt werden, um einen starken Anstieg der Beitragssätze zu verhindern.

Welche Wege letzten Endes beschritten werden, um das Sozialversicherungssystem stabil zu halten, ist eine politische Frage. Es gibt kein „richtig" oder „falsch"; in einem Diskussionsprozess muss geklärt werden, welche Lösung die größte Akzeptanz findet.

Folgende Vorschläge werden immer wieder in die Debatte geworfen, wenn es um die Frage einer Reform des Gesundheitswesens zum Zweck der Aufrechterhaltung seiner Finanzierbarkeit geht:

- verstärkte **Aufklärung** vor allem in Kindergärten und Schulen über gesunde Ernährung und Lebensweise

- **stärkere finanzielle Beteiligung** von Patienten im Fall von Unfällen bei **riskanten Hobbys**

- **höhere Besteuerung** von Tabak und Alkohol

- Bezahlung von Ärzten mit **pauschalierten Festpreisen** bei bestimmten Krankheiten

- **Abschaffung der staatlichen Preisbindung** für verschreibungspflichtige Arzneimittel

### Armut in einer reichen Gesellschaft

Bei der Bestimmung des Begriffs „Armut" muss man zwischen **absoluter** und **relativer Armut** unterscheiden. Von absoluter Armut spricht man, wenn Menschen die materiellen Mittel fehlen, um ihr physisches Überleben dauerhaft zu sichern. Absolute Armut gibt es auch heute noch in manchen Regionen der Dritten oder Vierten Welt. Von relativer Armut spricht man dagegen, wenn das Einkommen einer Person das in einer Gesellschaft durchschnittlich zur Verfügung stehende Einkommen um einen bestimmten Wert unterschreitet. In der Bundesrepublik Deutschland ist kaum jemand so arm, dass sein physisches Überleben bedroht wäre. Hat jemand weniger als 60 % des durchschnittlichen Haushaltseinkommens zur Verfügung, so gilt er als arm. Von Armut bedroht sind besonders folgende Bevölkerungsgruppen:

* Erwerbslose, vor allem Langzeitarbeitslose
* Alleinerziehende
* kinderreiche Familien
* Alleinlebende
* Menschen mit niedriger schulischer und beruflicher Qualifikation
* Migranten
* Teile der Rentner/Rentnerinnen

Armut hat aber nicht nur eine **wirtschaftliche und materielle Seite**, sondern immer auch eine **psychische Seite**, denn die problematische Versorgungssituation ist häufig mit Selbstzweifeln, seelischen Belastungen und Resignation verbunden, was wiederum zur Vertiefung **gesellschaftlicher Stigmatisierung** führen kann. Außerdem verringern sich, auch wenn die physische Existenz gesichert ist, durch Armut die Chancen, am sozialen, kulturellen und politischen Leben teilzunehmen. In den letzten Jahren ist die **Schere zwischen Arm und Reich** wieder größer geworden.

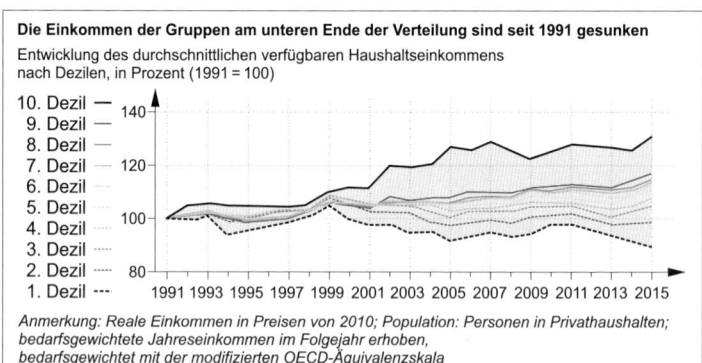

**Die Einkommen der Gruppen am unteren Ende der Verteilung sind seit 1991 gesunken**

Entwicklung des durchschnittlichen verfügbaren Haushaltseinkommens nach Dezilen, in Prozent (1991 = 100)

*Anmerkung: Reale Einkommen in Preisen von 2010; Population: Personen in Privathaushalten; bedarfsgewichtete Jahreseinkommen im Folgejahr erhoben, bedarfsgewichtet mit der modifizierten OECD-Äquivalenzskala*

Haushaltseinkommen

**Integration von Ausländern**

Wenn von „Ausländern" gesprochen wird, muss man zwischen **verschiedenen Gruppen** unterscheiden, deren rechtlicher Status sich erheblich unterscheidet.

• **Bürger aus EU-Staaten**, die aufgrund der in der Europäischen Union herrschenden Freizügigkeit nach Deutschland gekommen sind, um zu arbeiten: Seit dem Vertrag von Maastricht ist ihnen auf kommunaler Ebene das aktive und passive Wahlrecht eingeräumt.

• Menschen, die aus Ländern, die **nicht der EU angehören**, nach Deutschland kommen und die eine **Arbeitsberechtigung** besitzen (über welche von der Ausländerbehörde entschieden wird)

• Menschen aus **Nicht-EU-Staaten**, die **auf der Suche nach Arbeit** nach Deutschland kommen und noch **keine Arbeitsberechtigung** besitzen („Arbeitsmarktausländer" im Unterschied zu den ersten beiden Gruppen, die als „Arbeitsmarktinländer" bezeichnet werden)

• Menschen, die nach Deutschland kommen, um **Asyl zu beantragen**. Wird Asyl gewährt, hat es die Funktion, die Menschen zu schützen, solange in ihrer Heimat Gefahr für Leib und Leben besteht (vgl. S. 122).

In Deutschland gibt es bei der Integration von Ausländern nach wie vor Probleme, auch wenn sie sich gegenüber den Verhältnissen seit Beginn der Einwanderung der ersten Gastarbeiter in den 1950er- und 1960er-Jahren doch wesentlich gebessert hat:

• Über die Hälfte der in Deutschland lebenden Ausländer gehört den **unteren Schichten** an (bei den deutschen Bürgern nur ca. 20 %).

• Die **Bildungsabschlüsse** von Ausländern und deren Kindern liegen unter denen von Deutschen.

• Ausländer sind wesentlich stärker von **Arbeitslosigkeit** bedroht als Deutsche.

• Die **Wohnverhältnisse** von Ausländern sind signifikant schlechter als die von deutschen Staatsbürgern, es sind Tendenzen zur *Gettoisierung* zu beobachten.

Gelungene **Integration** ist ein Prozess, der **Anstrengungen von beiden Seiten** erfordert. Der Staat muss die Rahmenbedingungen schaffen, damit Ausländer gesellschaftliche Teilnahmechancen erhalten. Staatliche Maßnahmen zur Förderung der Integration können z. B. sein:

- Sprach- und Integrationskurse
- Ausbau von Ganztageskindergärten und Ganztagesschulen
- spezielle Schullaufbahnberatungen für Migrantinnen und Migranten
- Erleichterungen bei der Anerkennung von ausländischen Bildungsabschlüssen

Die Einwanderer müssen andererseits angebotene Chancen auch wahrnehmen und die **Grundwerte der Gesellschaft** und die **Grundlagen der Verfassungsordnung** akzeptieren und respektieren.

# Grundzüge politischer Systeme der Gegenwart

## 1 Demokratische Systeme

### 1.1 Bedeutung der Menschenrechte

„Alle Menschen sind frei und gleich an Würde und Rechten geboren", lautet der erste Artikel der **Erklärung der Menschenrechte** durch die Vereinten Nationen, welche im Dezember 1948 veröffentlicht wurde. Diese Erklärung, wie in Artikel 2 präzisiert wird, trifft auf jeden Menschen zu und ist **unabhängig von seinem Geschlecht, seiner ethnischen Herkunft oder seiner Religion.** Unter Menschenrechten versteht man Rechte, die **einem jeden Menschen** aufgrund seines Menschseins in gleicher Weise zustehen und die unveräußerlich sind. Menschenrechte werden als **Abwehrrechte** des Bürgers gegenüber dem Staat verstanden, um seine Freiheitssphäre zu schützen.

- **Demokratien:** In demokratischen Staaten kommt der **Garantie von Menschenrechten** eine zentrale Bedeutung zu. Von fast allen Staaten wird zwar die Gültigkeit von Menschenrechten anerkannt, doch gibt es hinsichtlich des Schutzes der Menschenrechte **sehr große Unterschiede. Demokratische Staaten** zeichnen sich dadurch aus, dass sie die Garantie und den **Schutz der Menschenrechte** als **elementare Aufgabe** des Gemeinwesens betrachten. Nur wenn ein Staat diese angeborenen, natürlichen Rechte des Einzelnen schützt, kann er als demokratisch eingestuft werden.

- **Diktaturen:** Es gibt auch **Diktaturen**, die sich nach außen hin zu Menschenrechen bekennen, doch müssen sich die Menschen in diktatorialen Systemen völlig **den Machthabern unterwerfen.** Die Formulierung von Menschenrechten etwa in Verfassungen dient dann dem **schönen Schein**, ohne dass es wirksame Mechanismen gibt, durch welche die Rechte des Einzelnen geschützt werden. Diktaturen ist die Vorstellung von natürlichen, vorstaatlichen Rechten als Fundament des Gemeinwesens fremd.

## Entwicklung der Menschenrechte

Erst nach den unvorstellbaren Gräueln der **Nazi-Herrschaft** wurden die **Menschenrechte** von der internationalen Staatengemeinschaft formuliert. Die am 26. Juni 1945 gegründeten **Vereinten Nationen** verabschiedeten am 10. Dezember 1948 die „Allgemeine Erklärung der Menschenrechte".

# Geschichte der Menschenrechte – wichtige Meilensteine

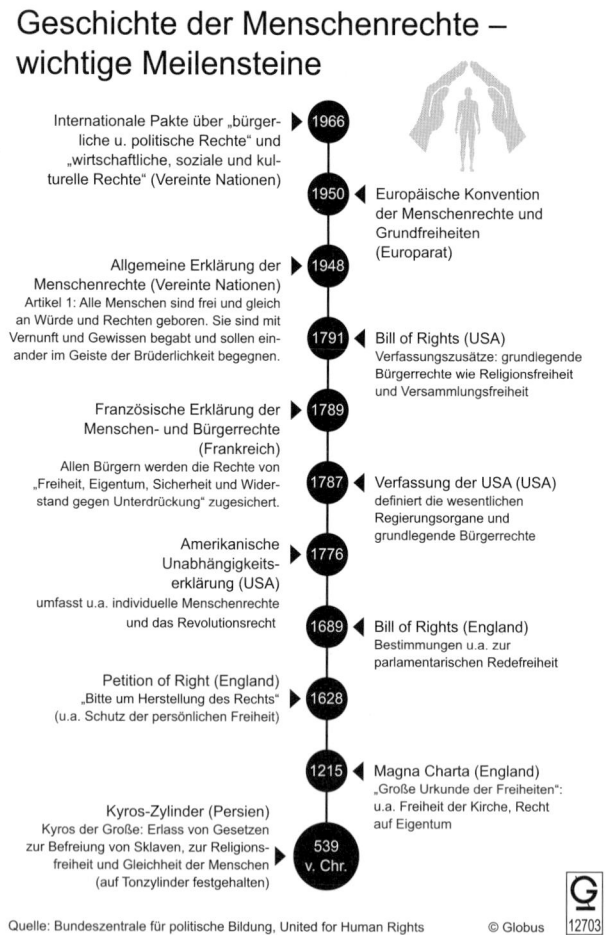

Internationale Pakte über „bürgerliche u. politische Rechte" und „wirtschaftliche, soziale und kulturelle Rechte" (Vereinte Nationen) — **1966**

**1950** — Europäische Konvention der Menschenrechte und Grundfreiheiten (Europarat)

Allgemeine Erklärung der Menschenrechte (Vereinte Nationen) — **1948**
Artikel 1: Alle Menschen sind frei und gleich an Würde und Rechten geboren. Sie sind mit Vernunft und Gewissen begabt und sollen einander im Geiste der Brüderlichkeit begegnen.

**1791** — Bill of Rights (USA)
Verfassungszusätze: grundlegende Bürgerrechte wie Religionsfreiheit und Versammlungsfreiheit

Französische Erklärung der Menschen- und Bürgerrechte (Frankreich) — **1789**
Allen Bürgern werden die Rechte von „Freiheit, Eigentum, Sicherheit und Widerstand gegen Unterdrückung" zugesichert.

**1787** — Verfassung der USA (USA)
definiert die wesentlichen Regierungsorgane und grundlegende Bürgerrechte

Amerikanische Unabhängigkeitserklärung (USA) — **1776**
umfasst u.a. individuelle Menschenrechte und das Revolutionsrecht

**1689** — Bill of Rights (England)
Bestimmungen u.a. zur parlamentarischen Redefreiheit

Petition of Right (England) — **1628**
„Bitte um Herstellung des Rechts" (u.a. Schutz der persönlichen Freiheit)

**1215** — Magna Charta (England)
„Große Urkunde der Freiheiten": u.a. Freiheit der Kirche, Recht auf Eigentum

Kyros-Zylinder (Persien) — **539 v. Chr.**
Kyros der Große: Erlass von Gesetzen zur Befreiung von Sklaven, zur Religionsfreiheit und Gleichheit der Menschen (auf Tonzylinder festgehalten)

Quelle: Bundeszentrale für politische Bildung, United for Human Rights    © Globus    12703

**Menschenrechte** und **Bürgerrechte**, die innerhalb eines bestimmten Rechtssystems gelten und vor Gericht eingeklagt werden können, werden mit dem Begriff „**Grundrechte**" zusammengefasst. Dabei können alle Menschen, die in dem Staat leben, auf die Menschenrechte (z. B. Recht auf Leben und körperliche Unversehrtheit) Anspruch erheben, während die Bürgerrechte (z. B. Versammlungs- und Vereinigungsfreiheit) nur für die Bürger des jeweiligen Staates Geltung besitzen.

Wenn man die in der Allgemeinen Erklärung der Vereinten Nationen aufgeführten Menschenrechte betrachtet, lassen sich **drei Klassen** unterscheiden, die gleichzeitig **verschiedene Entwicklungsstufen** im Verständnis der Menschenrechte repräsentieren:

- Menschenrechte als **negative Freiheitsrechte**
  Hier handelt es sich um die Rechte, welche die **Freiheit des Einzelnen in grundlegender Weise schützen**, z. B. die Rechte auf Leben, Freiheit und Sicherheit und der Schutz vor willkürlicher Freiheitsberaubung. Neben den „körperlichen" Freiheiten gehören zu dieser Klasse von Menschenrechten aber auch diejenigen, die die geistige Freiheit des Einzelnen garantieren, wie etwa Gedanken- und Religionsfreiheit sowie das Recht auf freie Meinungsäußerung.

- Menschenrechte als **politische Teilhaberechte**
  Durch sie soll garantiert werden, dass der Einzelne die Möglichkeit hat, sich an dem **politischen Willensbildungs- und Entscheidungsprozess** des Gemeinwesens **zu beteiligen**. Zu diesen Rechten zählen z. B. das allgemeine und gleiche Wahlrecht oder das Recht, sich friedlich zu versammeln und sich mit anderen zu Vereinigungen zusammenzuschließen. Auch soll der Wille des Volkes die Grundlage für die Autorität der Staatsgewalt sein.

- Menschenrechte als **soziale Teilhaberechte**
  Um wirksam am politischen Leben teilnehmen zu können, müssen bestimmte **soziale Voraussetzungen** erfüllt sein, ohne die politische Teilhaberechte nur leere Formeln bleiben würden. In der Menschenrechtserklärung der Vereinten Nationen werden etwa die Rechte des Einzelnen auf Arbeit und Schutz vor Arbeitslosigkeit, auf einen Lebensstandard, der das eigene Wohl und das der Familie gewährleistet, auf Bildung und die Möglichkeit, am kulturellen Leben der Gemeinschaft teilzunehmen, aufgeführt.

## 1.2 Grundlegende Prinzipien des demokratischen Verfassungsstaates

Der demokratische Verfassungsstaat weist zwei wichtige Traditionslinien auf, nämlich die **demokratische** und die **konstitutionelle**:

- Die demokratische Traditionslinie orientiert sich an der Idee der **Gleichheit der Bürger** und **der Souveränität des Volkes.**

- Die konstitutionelle bezieht sich auf den **Rechtsstaat** und die **Sicherung der Rechte** des Einzelnen gegenüber dem Staat und der Gesellschaft.

Das Verhältnis zwischen diesen beiden Traditionslinien ist **nicht immer spannungsfrei.** Es kann z. B. vorkommen, dass die Mehrheitsmeinung nicht mit den Ansprüchen von Minderheiten übereinstimmt. Allerdings ist das spannungsvolle Verhältnis auch ein Garant für die Lebendigkeit einer demokratischen und pluralen Ordnung.

Für **demokratische Verfassungsstaaten** sind folgende **Prinzipien** charakteristisch:

- Geltung und Schutz der **Grundrechte** (Menschen- und Bürgerrechte)
- **freie und geheime Wahlen** als Ausdruck der **Volkssouveränität** (Staatsgewalt geht vom Volk aus)
- **horizontale Gewaltenteilung**, in Bundesstaaten auch **vertikale Gewaltenteilung**
- **Verantwortlichkeit** der Regierung, Wahl und Abwahl der Regierung
- **Rechtsstaatlichkeit:** Freiheit; Gleichheit aller vor dem Gesetz; Gesetzmäßigkeit der Verwaltung
- **Unabhängigkeit** der Justiz
- **Mehrparteiensystem**
- Koalitionsfreiheit und **Pluralismus**
- **Gemeinwohl** als Ergebnis gesellschaftlicher Übereinkunft

## 1.3 Wesentliche Ausprägungen von Demokratie

Grundsätzlich kann zwischen **repräsentativer** und **direkter** (plebiszitärer) **Demokratie** unterschieden werden. In der direkten Demokratie fassen die stimmberechtigten Bürger selbst die politischen Beschlüsse. Diese Form liegt in der Reinform in keinem Staat vor. Wenn man die politischen Systeme von Staaten mit einer **repräsentativen Demokratie** betrachtet, fällt auf, dass es ganz unterschiedliche Formen demokratischer Herrschaft gibt. In der Politikwissenschaft werden danach, wie das Verhältnis zwischen Exekutive und Legislative geregelt ist, zwei Grundformen unterschieden: das **parlamentarische** und das **präsidentielle Regierungssystem**.

**Merkmale parlamentarisches vs. präsidentielles System**

| parlamentarisches Regierungssystem | präsidentielles Regierungssystem |
|---|---|
| • **Legitimation:** Das Parlament wird direkt vom Volk gewählt; Regierungschef/-chefin wird durch Mehrheit des Parlaments gewählt | • **Legitimation:** Direktwahl der Präsidentin/des Präsidenten und des Parlaments |
| • **Gewaltenverschränkung:** zwar getrennte Organe der drei Gewalten, aber enge Verbindung zwischen Exekutive und Legislative | • **strikte Gewaltenteilung:** Kontrolle der Exekutive durch das Parlament |
| • **doppelte Exekutive:** Amt des Staatsoberhaupts und des Regierungschefs/-chefin getrennt | • **Präsident:** Staatsoberhaupt und Regierungschef/-chefin in einer Person |
| • **Abwahl** des Regierungschefs/der Regierungschefin durch Parlament **möglich** | • **Abwahl** des Präsidenten durch das Parlament **nicht möglich**, meist aber Möglichkeit der Amtsenthebung bei strafrechtlichen Vergehen |
| • **Auflösung des Parlaments** unter bestimmten Bedingungen möglich | • **keine** Möglichkeit zur **Auflösung des Parlaments** |
| • **Vereinbarkeit** eines Regierungsamtes mit einem Sitz im Parlament | • **Unvereinbarkeit** zwischen Regierungsamt und Sitz im Parlament |
| • **starke Fraktionsdisziplin** bei den im Parlament vertretenen Parteien; Kontrolle der Regierung in erster Linie durch die Oppositionsparteien | • **recht schwach ausgeprägte Fraktionsdisziplin** bei den im Parlament vertretenen Parteien |

## Vor- und Nachteile parlamentarisches vs. präsidentielles System

| parlamentarisches Regierungssystems | präsidentielles Regierungssystem |
|---|---|
| **Vorteile:** | **Vorteile:** |
| • **keine Blockade zwischen Exekutive und Legislative**, da Regierung im Normalfall über Mehrheit im Parlament verfügt<br><br>• klare **Unterscheidung zwischen Regierungs- und Oppositionsparteien**; dadurch auch lebendige Debatten im Parlament<br><br>• Möglichkeit der **Abwahl des Regierungschefs/der Regierungschefin** durch Mehrheit des Parlaments bei Unzufriedenheit mit seiner/ihrer Amtsführung oder mit der Regierungspolitik<br><br>• **direkte Einflussmöglichkeiten** der von der Bevölkerung gewählten **Abgeordneten** auf die Regierungspolitik<br><br>• aufgrund der doppelten Exekutive Repräsentation des Staates durch das Staatsoberhaupt und damit **wirksame Integrationsfunktion** | • **klare Gewaltenteilung** aufgrund der eindeutigen Trennung von exekutiver und legislativer Gewalt<br><br>• Wahl des Präsidenten durch das Volk und damit **verstärkte politische Mitwirkungsmöglichkeit des Volkes**<br><br>• Vorhandensein einer **stets handlungsfähigen Regierung**<br><br>• **Kontrolle der Regierung** durch das gesamte Parlament, Abgeordnete der Partei des Präsidenten nicht durch rigide Fraktionsdisziplin in Entscheidungsfreiheit eingeschränkt |
| **Nachteile:** | **Nachteile:** |
| • manchmal **schwierige Regierungsbildung**, vor allem bei größerer Zahl von im Parlament vertretenen Parteien<br><br>• **kein direkter Einfluss der Wähler** auf die Besetzung des Postens des **Regierungschefs**<br><br>• **Instabilität der politischen Verhältnisse** bei schwindender Unterstützung der Regierung im Parlament<br><br>• **keine klare Gewaltenteilung**, Funktion der Kontrolle der Regierung in vollem Umfang nur von Oppositionsparteien im Parlament erfüllt | • **Gefahr einer politischen Blockadesituation**, wenn Partei des Präsidenten/der Präsidentin nicht über Mehrheit im Parlament verfügt<br><br>• recht **große Machtkonzentration** bei einer Person<br><br>• bei Unzufriedenheit mit der Amtsführung des Präsidenten/der Präsidentin **keine Möglichkeit für vorzeitige Abwahl**<br><br>• **Spannungsverhältnis** zwischen den Funktionen eines Staatsoberhauptes (Repräsentation aller Bürger) und eines Regierungschefs (Vertretung der Interessen einer politischen Richtung) |

## Die Bundesrepublik Deutschland als Beispiel für ein parlamentarisches Regierungssystem

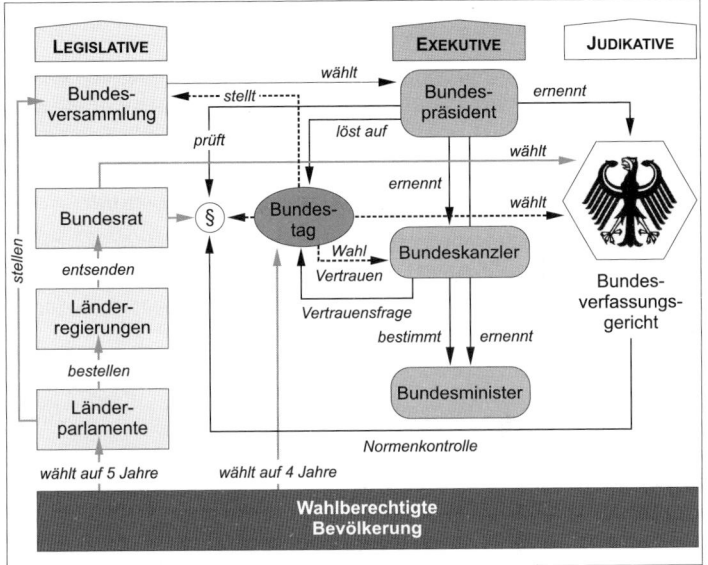

Verfassung der Bundesrepublik Deutschland

Die Bundesrepublik zählt zum Typus des parlamentarischen Regierungssystems, da das Parlament, **der Bundestag**, mit Mehrheit den **Bundeskanzler/die Bundeskanzlerin wählt**. Es zeichnet sich durch einige **Besonderheiten** aus:

- „**Ewigkeitsklausel**" in Art. 79,3 GG: Unantastbarkeit der Menschen- und Bürgerrechte in ihrem Wesensgehalt; Unaufhebbarkeit der Strukturprinzipien Demokratie, Bundesstaat, Rechtsstaat und Sozialstaat

- **vertikale Gewaltenteilung** durch bundesstaatliche Struktur: Einfluss der Regierungen der Bundesländer auf die Gesetzgebung über den Bundesrat

- **keine Direktwahl des Staatsoberhauptes:** Wahl des Bundespräsidenten/der Bundespräsidentin durch die Bundesversammlung (Abgeordnete des Bundestags und gleiche Anzahl von Vertretern der Länderparlamente)

- **Position des Kanzlers/der Kanzlerin:** starke Stellung des Regierungschefs/der Regierungschefin durch **Richtlinienkompetenz**; Abwahl des Bundeskanzlers bzw. der Bundeskanzlerin nur möglich, wenn gleichzeitig ein neuer Bundeskanzler bzw. eine neue Bundeskanzlerin gewählt wird (**konstruktives Misstrauensvotum**)

- **Neuwahlen:** Auflösung des Bundestags nur nach einer vorher erfolgten negativ verlaufenen **Vertrauensfrage** des Bundeskanzlers/der Bundeskanzlerin – wenn Mehrheit des Bundestags kein Vertrauen mehr in den Bundeskanzler/die Bundeskanzlerin hat, kann dieser/diese den Bundespräsidenten/die Bundespräsidentin bitten, den **Bundestag aufzulösen** und Neuwahlen anzusetzen; Entscheidung über Auflösung in Kompetenz des Bundespräsidenten

## Die USA als Beispiel für ein präsidentielles Regierungssystem

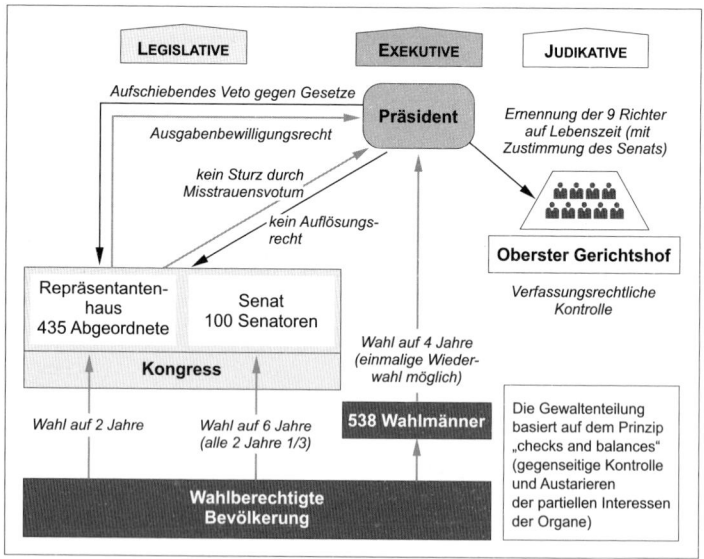

Schemas der Verfassung der USA

Die USA sind das klassische Beispiel für ein präsidentielles Regierungssystem, auch wenn die Organisation der **Wahl des Präsidenten** dem äußeren Rahmen nach noch den Gepflogenheiten aus der Zeit der Staatsgründung entspricht: In den Vereinigten Staaten wählt die Bevölkerung in den einzelnen Bundesstaaten **Wahlmänner** (männlich und weiblich), die dann in einer eigenen Abstimmung den **Präsidenten bestimmen.** Die Wahlmänner sind aber gemäß der Tradition bei ihrer Entscheidung daran gebunden, für welchen Präsidentschaftskandidaten der Bundesstaat, den sie vertreten, mehrheitlich gestimmt hat. Hat ein Präsidentschaftskandidat bei der Wahl einen Bundesstaat gewonnen, kann er die Stimmen der diesen Bundesstaat vertretenden Wahlmänner beanspruchen. Deren Zahl richtet sich nach der Bevölkerungsgröße des jeweiligen Staates.

Weitere charakteristische **Merkmale** des Regierungssystems der USA:

- **große Machtfülle** des für vier Jahre gewählten **Präsidenten:** zugleich Staatsoberhaupt, Regierungschef und Oberbefehlshaber der Streitkräfte

  **Kompetenzen** u. a.:
  - Ernennung der Minister („Staatssekretäre" genannt)
  - Ernennung der Bundesrichter
  - Vertretung der USA nach außen
  - suspensives (aufschiebendes) Veto gegenüber den Beschlüssen des Kongresses (Zweidrittelmehrheit im Kongress für Überstimmung des Vetos nötig)

- **Amtsenthebungsverfahren:** Ablösung des Präsidenten nur durch *impeachment* bei „hohen Verbrechen und Vergehen" (*high crimes and misdemeanors*);
  Ablauf: Mehrheit im Repräsentantenhaus für Eröffnung eines Verfahrens notwendig → Bei Entscheidung für Eröffnung: Anhörungen im Senat und unter Umständen Erhebung der Anklage bei Vorsitz eines Bundesrichters → Amtsenthebung des Präsidenten nur mit **Zweidrittelmehrheit des Senats** möglich

- zwei „**Häuser**" im Parlament („**Kongress**"): **Repräsentantenhaus** (Zahl der die einzelnen Bundesstaaten repräsentierenden Abgeordneten nach deren Bevölkerungsgröße) und **Senat** (je zwei Senatoren pro Bundesstaat); keine Auflösungsmöglichkeit durch den Präsidenten

  **Kompetenzen des Kongresses**, u. a.:
  - Beschließen der Gesetze und des Staatshaushaltes
  - Kriegserklärungen
  - Bestätigung völkerrechtlicher Verträge durch den Senat

- **zwei große Parteien** im Kongress: **republikanische Partei** und **demokratische Partei**; kein Gegenüber „Regierungspartei" – „Oppositionspartei", da Präsident nicht auf Zustimmung der Mehrheit des Kongresses angewiesen ist; Kontrolle der Exekutive durch den gesamten Kongress

- **Supreme Court**: oberster Gerichtshof der USA, bestehend aus neun vom Präsidenten auf Lebenszeit ernannten Bundesrichtern (Bestätigung durch den Senat mit Zweidrittelmehrheit)

  **Kompetenzen**, u. a.:
  - Überwachung der verfassungsmäßigen Rechte der Bürger sowie der Handlungen des Präsidenten und der Entscheidungen des Kongresses
  - Möglichkeit der Zurückweisung von Gesetzesvorschlägen des Kongresses

Das politische System der USA wird durch das für die angelsächsische Tradition charakteristische System der *checks and balances* geprägt, d. h., **jeder Bereich** der staatlichen Gewalt (Exekutive, Legislative, Judikative) **kontrolliert** die anderen beiden **und wird** wiederum von diesen **kontrolliert**.

| System der Checks (Kontrolle) und Balances (Gleichgewicht) | | |
|---|---|---|
| **Exekutive**<br><br>(Präsident führt die Gesetze aus) | **Kontrolle gegenüber der Legislative:**<br><br>• Anregung von Gesetzen<br>• Einlegen von suspensivem Veto<br>• Einberufung von besonderen Sitzungen des Kongresses<br>• Aushandeln von Verträgen mit ausländischen Staaten | **Kontrolle gegenüber der Judikative:**<br><br>• Ernennung der Bundesrichter<br>• Recht auf Begnadigungen |
| **Legislative**<br><br>(Kongress macht Gesetze) | **Kontrolle gegenüber der Exekutive:**<br><br>• Möglichkeit zum Überstimmen des suspensiven Vetos des Präsidenten<br>• Bestätigung von Ernennungen des Präsidenten<br>• Recht auf Kriegserklärung<br>• Entscheidung über Haushaltsmittel<br>• Möglichkeit, Impeachment-Verfahren einzuleiten und Präsidenten des Amtes zu entheben | **Kontrolle gegenüber der Judikative:**<br><br>• Möglichkeit zur Anklage und zur Amtsenthebung von Bundesrichtern<br>• Bestätigung der Berufung von Bundesrichtern<br>• Vorschlag von Gesetzesänderungen (um richterliche Entscheidungen zu umgehen)<br>• Einrichtung von niedrigeren Bundesgerichten |
| **Judikative**<br><br>(Supreme Court legt die Gesetze aus) | **Kontrolle gegenüber der Exekutive:**<br><br>• Einstufung von Handlungen der Exekutive als nicht verfassungsgemäß | **Kontrolle gegenüber der Legislative:**<br><br>• Einstufung von Handlungen der Legislative als nicht verfassungsgemäß |

Checks und Balances

# 2 Diktatorische Systeme

## 2.1 Merkmale diktatorischer Systeme

Auch offenkundige Diktaturen beanspruchen in der Regel für sich, dass sie dem Willen des Volkes entsprächen und in diesem Sinn „demokratisch" seien. Allerdings lassen sich bei der Analyse von politischen Systemen allgemeine **Merkmale** feststellen, welche **diktatorische Systeme** klar von demokratischen unterscheiden:

- **keine freien Wahlen**, staatliche Beeinflussung der Wahlentscheidung der Bürger
- Missachtung von Grundrechten
- Bestätigung der Regierenden als Zweck der Wahl, **Abwahl** der Regierenden **nicht vorgesehen**
- **kein freier Wettbewerb** politischer Parteien, sondern Akzeptanz der Führungsrolle einer Person oder Partei; Unterordnung von kleineren Parteien unter den Führungsanspruch der herrschenden Partei
- **Konzentration der Macht** bei Regierenden, faktisches **Fehlen einer Gewaltenteilung**; Justiz im Dienste der Regierung
- **Vereinheitlichung** des gesellschaftlichen und sozialen Lebens
- Kontrolle der Medien und Vorhandensein von **Zensur**
- Gemeinwohl von Regierenden definiert

Der Politikwissenschaftler **Ernst Fraenkel** unterscheidet vier Kategorien, um in systematischer Form diktatorische von demokratischen Systemen zu unterscheiden:

|  | **Diktatur** | **Demokratie** |
|---|---|---|
| Legitimation von Herrschaft | heteronome Legitimation: Gemeinwohl von Regierung bestimmt | autonome Legitimation: Gemeinwohl als Resultat der gesellschaftlichen Entwicklung |
| Strukturierung der Gesellschaftssysteme | politische Einheitlichkeit der Gesellschaft als Ziel; abweichende oder opponierende Haltungen nicht erwünscht, sondern unterdrückt | konkurrierende Auffassungen und Interessen, Vielfalt als legitim und wünschenswert betrachtet; Offenheit und Pluralität als Charakteristikum der gesellschaftlichen Ordnung |
| Organisation des Regierungssystems | Aufhebung der Gewaltenteilung, Monopolisierung der politischen Macht; Gleichschaltung von staatlichen Einrichtungen | Streben unterschiedlicher politischer Kräfte nach der Regierungsverantwortung; Regierungswechsel als normaler Vorgang in Demokratie akzeptiert |
| unterschiedliche Geltung des Rechtssystems | Justiz im Dienst der Regierenden; Nichtbeachtung oder Einschränkung von geltenden Gesetzen oder Rechten zum Zweck der Herrschaftssicherung | Unabhängigkeit der Justiz; Grundrechte oder Gesetze nicht durch Entscheidungen der Regierungen aufzuheben oder einzuschränken |

## 2.2 Autoritäre und totalitäre Diktaturen

Genauso wie demokratische Herrschaft in vielfältigen Formen ausgeübt werden kann, gibt es auch ganz verschiedene Ausprägungen **diktatorialer Herrschaft**. Der Politologe Giovanni Sartori hat nach der Intensität und der Reichweite der Durchsetzung des eigenen Herrschaftsanspruchs **totalitäre** von **autoritären Diktaturen** unterschieden.

- Für **totalitäre Diktaturen** ist vor allem das Vorhandensein einer **starken Ideologie**, die auf die Schaffung eines neuen Menschen zielt, charakteristisch. Außerdem wird der eigene Herrschaftsanspruch viel **radikaler und umfassender** durchgesetzt, als dies bei autoritären Diktaturen der Fall ist. Bei totalitären Herrschaften gibt es keine Unabhängigkeit für gesellschaftliche Subsysteme, sondern die Herrscher (Führer oder Partei) streben eine **extreme Durchdringung aller Lebensbereiche** in der Gesellschaft an. Die Durchsetzung der eigenen Macht wird mit der Verbreitung von Angst und der Anwendung von **staatlichem Terror** betrieben. Politische Gegner werden in totalitären Diktaturen unbarmherzig verfolgt und ausgeschaltet.

- Bei **autoritären Systemen** hingegen werden **Gruppierungen** mit abweichenden Auffassungen **an den Rand gedrängt**, können aber manchmal fortbestehen und verfügen über begrenzte Spielräume, wenn sie dem Herrschaftsanspruch des Diktators oder der regierenden Gruppierung nicht gefährlich werden.

| Merkmale von Diktaturen nach Giovanni Sartori | | |
|---|---|---|
| **Kriterium** | **autoritäre Diktatur** | **totalitäre Diktatur** |
| Ideologie | schwächer, nicht totalistisch | zentrale Bedeutung, totalistisch |
| Durchdringung der Gesellschaft | mäßig | extensiv |
| Zwang, Mobilisierung | mittel | hoch |
| Unabhängigkeit von Randgruppen | begrenzt auf nicht-politische Gruppen | keine |
| Politik gegen Randgruppen | ausschließend | zerstörend |
| Willkür | innerhalb kalkulierbarer Grenzen | unbegrenzt |

# 3 Mischformen zwischen Demokratie und Diktatur

## 3.1 Merkmale „defekter Demokratien"

Vor allem nach dem Zerfall der Sowjetunion im Jahr 1991 und der Entstehung neuer Staaten auf dem Boden des alten Imperiums gingen viele von einem **Siegeszug der Demokratie** aus, da die Verfassungen der entstehenden jungen Republiken auf eine demokratische Staatsform hindeuteten. Doch in etlichen Fällen wurde deutlich, dass entgegen den demokratischen Charakteristika der Verfassung die **Herrschaftspraxis eindeutig autokratische oder sogar diktatorische Züge** zeigte. Auch in anderen Teilen der Welt erweist sich die Einstufung eines Staates (Demokratie oder Diktatur) mitunter als schwierig. Das Konzept der „**eingebetteten Demokratie**" dient dazu, die Möglichkeit zur genauen Charakterisierung von politischen Systemen zu verfeinern. Bei diesem Konzept wird davon ausgegangen, dass eine **funktionierende Demokratie** aus **fünf verschiedenen** und miteinander eng verbundenen **Teilregimen** besteht:

- dem demokratischen Wahlregime
- dem Regime politischer Partizipationsrechte
- dem Regime bürgerlicher Freiheitsrechte
- der institutionellen Sicherung der Gewaltenkontrolle
- der Garantie der durch demokratisch gewählte Repräsentanten ausgeübten effektiven Regierungsgewalt

Von „**defekten Demokratien**" wird nun gesprochen, wenn zwar **demokratische Wahlen vorgesehen** sind und auch durchgeführt werden („demokratisches Wahlregime"), aber in bestimmten Teilbereichen Defizite festzustellen sind. Dabei werden folgende **Typen von defekten Demokratien** unterschieden:

- **exklusive Demokratie:** Defizit beim demokratischen Wahlregime und dem Regime politischer Partizipationsrechte (z. B. nicht alle Bevölkerungsgruppen haben Möglichkeit politischer Partizipation)
- **illiberale Demokratie:** Einschränkung bürgerlicher Freiheitsrechte (z. B. Einschränkung der Meinungs- oder Demonstrationsfreiheit)

- **delegative Demokratie:** Beschädigung der horizontalen Gewaltenteilung (z. B. fehlende Unabhängigkeit der Justiz)

- **Enklavendemokratie:** Defizite bei der Ausübung einer effektiven
Regierungsgewalt (z. B. keine strikte Durchsetzung des Rechts, bestimmte Kreise über dem Recht stehend)

**Kritik am Konzept**

Nach Ansicht von Kritikern können Staaten, bei denen **grundlegende
demokratische Prinzipien verletzt** sind, nicht mehr als Demokratien
bezeichnet werden – auch nicht als „defekte".

## 3.2 Russland als Beispiel für eine „defekte Demokratie"

Wenn man nur die **geschriebene Verfassung** betrachtet und von den
tatsächlichen politischen Verhältnissen absieht, wird man **Russland**
ohne Zweifel **als demokratischen Staat** einstufen:

- **Wahl des Parlaments** (der Duma) durch die wahlberechtigte Bevölkerung

- **Direktwahl des Präsidenten** durch die wahlberechtigte Bevölkerung

- **Abhängigkeit** des die Regierung führenden Ministerpräsidenten
**von der Zustimmung der Duma**

- **horizontale Gewaltenteilung:** Exekutive, Legislative, Judikative

- **vertikale Gewaltenteilung:** Föderalistische Struktur des Staates

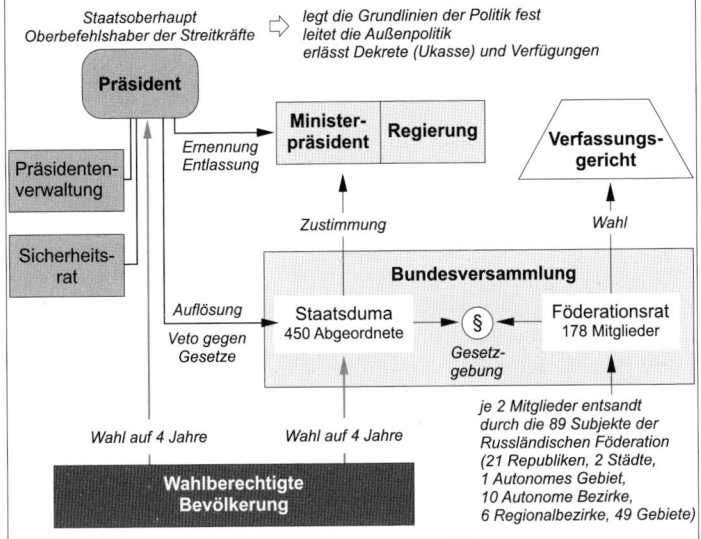

Die Verfassung der Russländischen Föderation

Bei Betrachtung der **realen politischen Verhältnisse** allerdings lassen sich **illiberale und autokratische** Züge erkennen:

- **Entwicklung der Präsidialadministration zur Regierung** im eigentlichen Sinn, während die vom Ministerpräsidenten geführte Regierung über wenig Eigenständigkeit verfügt

- **kaum Kontrolle des Präsidenten** und der Präsidialadministration durch die Duma

- immer stärkerer **Personenkult** um Präsident Putin

- **Justiz** zum großen Teil **im Dienst des Präsidenten**: hartes Vorgehen gegen Kritiker des Systems Putin

- **große Bedeutung** von im Hintergrund agierenden **wirtschaftlich wichtigen Unternehmern** (Oligarchen) für politische Entscheidungen

- weitgehende **Kontrolle der Medien** durch den Präsidenten und die ihn unterstützenden Oligarchen

- staatliche **Unterdrückung** von bürgerlichen Freiheiten

# 4 Sicherung der Zukunftsfähigkeit der Demokratie

## 4.1 Umgang mit Herausforderungen der Demokratie

### Demokratie im digitalen Zeitalter *(zweistündiger Kurs)

Nicht nur die private, sondern auch die politische Kommunikation hat sich in den letzten Jahren aufgrund der digitalen Revolution grundlegend verändert. Informierten sich Bürger über politische Fragen früher fast ausschließlich über traditionelle Massenmedien wie Zeitung, Hörfunk und Fernsehen, so spielt sich inzwischen ein großer Teil der **politischen Kommunikation in den sozialen Netzwerken** ab. Über Twitter kommunizieren etwa Politiker direkt mit Bürgern, während gleichzeitig User in den sozialen Netzwerken zu Produzenten von Nachrichten werden. Prüften Journalisten bisher Informationen auf ihren Wahrheitsgehalt, bevor sie veröffentlicht wurden (oder eben nicht), so **fehlt diese „Gatekeeper"-Funktion** bei der Kommunikation über soziale Netzwerke fast vollständig.

Wie bei den meisten grundlegenden Veränderungen lassen sich auch bei der digitalen Revolution im Bereich der politischen Kommunikation **Licht- und Schattenseiten** unterscheiden:

| Vorteile | Nachteile |
|---|---|
| • extreme **Zunahme der Informationsmöglichkeiten**, Möglichkeiten zur Vertiefung der politischen Bildung, Erleichterung des Zugangs zu öffentlichen Diskursen | • große Wirkung von **Fake News**, starke **Polarisierungstendenzen** |
| • Erleichterung der **politischen Partizipation:** Chancen für massenhafte Verbreitung der politischen Meinungen und Botschaften | • automatische/individuelle Übermittlung von Informationsangeboten (algorithmische Selektion): Gefahr der Entstehung von Filterblasen und der dadurch bedingten **einseitigen Information** |
| • Möglichkeiten zur Verbesserung der **direkten Demokratie** (e-Petitioning, e-Government etc.) | • aufgrund der möglichen Anonymität **Zunahme der Aggressivität** |
| • Chancen für **direkte Kommunikation** zwischen Politikern und Bürgern | • durch den Aufstieg der sozialen Medien wirtschaftliche Probleme bei traditionellen Massenmedien → **sinkende journalistische Qualität** |
| • in Diktaturen: **Umgehung der Zensur**, Chance für Herstellung einer Gegenöffentlichkeit | • durch **Shitstorms** u. Ä. großer Druck auf Politiker |
| | • Bestimmung von Themen durch **Social Bots** |

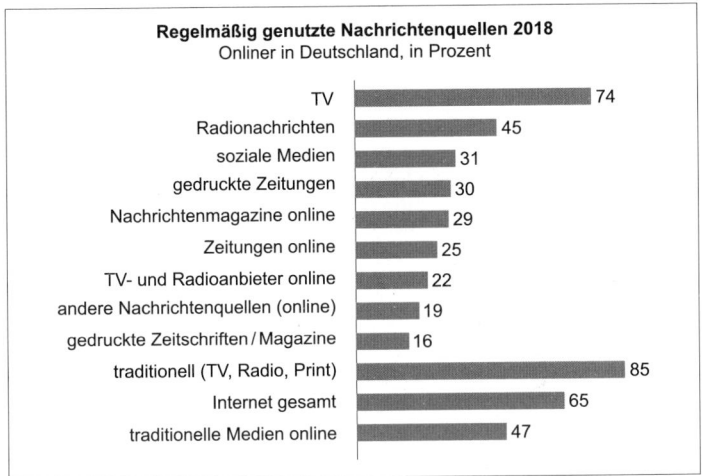

**Regelmäßig genutzte Nachrichtenquellen 2018**
Onliner in Deutschland, in Prozent

| Quelle | Prozent |
|---|---|
| TV | 74 |
| Radionachrichten | 45 |
| soziale Medien | 31 |
| gedruckte Zeitungen | 30 |
| Nachrichtenmagazine online | 29 |
| Zeitungen online | 25 |
| TV- und Radioanbieter online | 22 |
| andere Nachrichtenquellen (online) | 19 |
| gedruckte Zeitschriften / Magazine | 16 |
| traditionell (TV, Radio, Print) | 85 |
| Internet gesamt | 65 |
| traditionelle Medien online | 47 |

Nachrichtenquellen

## Das Aufkommen populistischer Bewegungen

**Rechts- und linkspopulistische Bewegungen** und Parteien gibt es in Europa schon seit längerer Zeit. Während in Südeuropa eher linkspopulistische Parteien auf dem Vormarsch sind, findet man in Nordeuropa eher rechtspopulistische. In Deutschland ist das **Phänomen Populismus** durch das Erstarken der AfD und ihren Einzug in den Bundestag in den Fokus der Aufmerksamkeit gerückt. Die tieferen Ursachen für die steigende Zustimmung zu populistischen Strömungen liegen darin, dass bestimmte Schichten in den Zeiten der **Globalisierung** ein Empfinden **schwindender sozialer Sicherheit haben** und deshalb Angst vor sozialem Abstieg entwickeln. Populistische Parteien verfügen in der Regel über **keine zusammenhängende Ideologie** und die **weltanschaulichen Unterschiede** zwischen populistischen Parteien in verschiedenen Ländern sind **zum Teil recht groß**. Ihre Erfolge verdanken sie dem Eindruck eines Teils der Bevölkerung, dass eine krisenhafte Entwicklung vorliegt und dass die **etablierten Parteien** für Sorgen und Nöte des „kleinen Mannes" **kein Verständnis zeigen** und allgemein über **kein zweckmäßiges Konzept** zur Überwindung der Krise verfügen würden.

Populistisches Denken ist durch **folgende Merkmale** bestimmt:

- **Beschwörung von Krise** und kulturellem Niedergang
- Gegenüberstellung „normales Volk" und „angeblich abgehobene Eliten"
- „Volkszugehörigkeit" durch **gemeinsame Abstammung** bestimmt
- Berufung auf das vermeintlich noch unverstellte Urteilsvermögen des Volkes; **angeblicher Volkswille als Legitimationsbasis** für politische Entscheidungen
- **verschwörungstheoretische Denunziation** der Machenschaften der Eliten (Eliten angeblich völlig korrupt)
- **Moralisierung** des politischen Diskurses („Wahrheit" gegen „Unwahrheit")

Die hinsichtlich ihrer Interessen recht **heterogene Gruppe der Unterstützer populistischer Bewegungen** oder Parteien wird durch das An-die-Wand-Malen von **Bedrohungsszenarien** zusammengeschweißt. Eine zentrale Rolle spielt dabei das **Schüren von Ängsten** angesichts der Zuwanderung von Muslimen und einer dadurch drohenden angeblichen kulturellen Überfremdung des Landes.

Von populistischen Politikern und Meinungsführern wird der angebliche Volkswille gegen Errungenschaften des Rechtsstaates (wie z. B. den Schutz von Minderheiten oder rechtsstaatliche Verfahren) ausgespielt. Da Vertreter populistischer Bewegungen und Parteien das Fundament der demokratischen Ordnung, nämlich die repräsentative Demokratie, die zentrale Bedeutung von Menschen- und Bürgerrechten und den Schutz von Minderheiten, infrage stellen, werden Strategien ins Auge gefasst, um eine weitere Stärkung populistischer Kräfte zu verhindern. **Folgende Maßnahmen** sind dabei im Gespräch:

- **Sozialer Bereich**, z. B.:
    - verteilungsgerechtere Sozialpolitik, Verringerung der Unterschiede zwischen oben und unten
    - besseres Angebot an günstigem Wohnraum
    - bessere Ausstattung von Schulen bei hohem Anteil von Kindern von Migranten
    - verstärkte Anstrengungen bei Umschulungsprogrammen für Menschen aus unteren Schichten

- **Politischer Bereich**, z. B.:
  - verständlicheres Erklären von politischen Zielen
  - Entwicklung eines schlüssigen Einwanderungskonzepts
  - realistische Asylpolitik; zügige Abschiebung von Asylbewerbern, wenn keine Aufenthaltsberechtigung mehr vorliegt
  - eindeutige Absage an politische Zusammenarbeit mit populistischen Parteien
  - Thematisierung der Inhaltsleere bzw. Widersprüchlichkeit der Programme populistischer Parteien
- **Bildungsbereich**, z. B.:
  - bessere Bildungschancen für Kinder aus der Unterschicht
  - Ausweitung des Politikunterrichts an Schulen
  - verstärkte Medienerziehung an Schulen
  - Schaffung von Möglichkeiten für Kinder und Jugendliche für politische Erfahrungen (z. B. mehr Rechte und Mittel für SMV, Jugendparlamente, Kontakt mit Abgeordneten)

## 4.2 Reformvorschläge zur Weiterentwicklung des demokratischen Systems

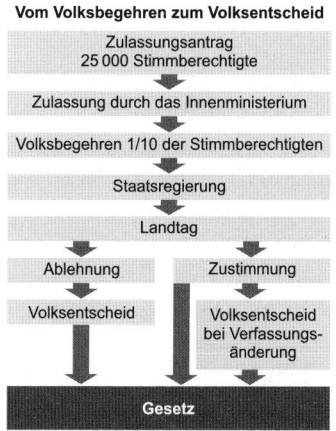

**Vom Volksbegehren zum Volksentscheid**

Immer wieder wird kritisiert, dass **Bürger sich zu wenig für politische Fragen interessieren** und außerdem **zu wenig Einfluss** ausüben können. Deswegen wird von vielen die Idee von **Volksbegehren** und **Volksentscheiden** auf Bundesebene unterstützt. Auf Kommunal- und Landesebene gibt es bereits Volksbegehren und Volksentscheide, während die Väter und Mütter des Grundgesetzes es nach der Erfahrung der Verführbarkeit der Massen während der NS-Zeit vermieden haben, Volksbegehren und Volksentscheid im Grundgesetz vorzusehen (Ausnahme: Bundesländer-Neugliederung).

**Argumente der Befürworter**

- Herrschaft **des Volkes** als **Kernidee von Demokratie**: „Frischzellenkur" für Demokratie, wenn Bürger nicht nur bei Wahlen alle vier Jahre ihren politischen Willen ausdrücken können, sondern auch während einer Legislaturperiode Einfluss auf wichtige politische Entscheidungen nehmen können
- größeres **Interesse von Bürgern an Politik**
- Zunahme **der Informiertheit** der Bürger, da sie sich im Vorfeld der Entscheidung mit den verschiedenen Auffassungen auseinandersetzen
- wirksame **Kontrolle der Regierung** und Garantie einer größeren Bürgernähe der regierenden Partei, da sie ansonsten den Erfolg eines Volksentscheides fürchten müssten

**Argumente der Kritiker**

- Elemente **direkter Demokratie mit dem Prinzip der repräsentativen** Demokratie **nur schwer vereinbar**: Aufweichung des Prinzips der politischen Verantwortlichkeit, wenn der Wähler mitunter gar nicht mehr genau weiß, welche Ergebnisse der Regierung zuzuschreiben sind und welche Entwicklungen auf Volksentscheide zurückzuführen sind
- **Gefahr von durch Emotionen bestimmten Entscheidungen**, wenn Volksentscheid kurz nach einem die Gemüter erregenden Ereignis abgehalten wird
- Problem, dass eine komplexe Fragestellung **kaum auf eine ankreuzbare** Alternative **reduziert werden kann**; notwendige Einführung möglicherweise so umfangreich, dass ein zügiger Wahlvorgang infrage gestellt wird
- **Wähler** oft über die Folgen einer Entscheidung **nicht** in dem Maß **informiert**, dass eine verantwortungsvolle Stimmabgabe zu erwarten ist
- Problem der Legitimität von Entscheidungen bei **geringer Wahlbeteiligung**
- **Einfluss finanzstarker Gruppen** unter Umständen sehr stark, da erfolgreiche Kampagnen materielle Mittel erfordern und mächtige Interessengruppen dann bessere Aussichten besitzen, ihre Vorstellungen durchzusetzen

## Direktwahl des Bundespräsidenten

Auch der Vorschlag, den Bundespräsidenten direkt wählen zu lassen, zielt darauf ab, die **direkten Mitwirkungsmöglichkeiten der Bürger zu erhöhen**. Im Grundgesetz ist vorgesehen, dass der Bundespräsident alle fünf Jahre **von der Bundesversammlung**, die aus den Abgeordneten des Bundestags sowie der gleichen Anzahl von Vertretern der Länderparlamente besteht, gewählt wird. Die Möglichkeit der Direktwahl des Staatsoberhauptes wird häufig im Vorfeld der Wahl eines neuen Bundespräsidenten artikuliert, da die Bemühungen der großen Parteien, durch Absprachen mit anderen Parteien die Zustimmung für ihren Kandidaten zu erreichen, als **taktisches Schachern** empfunden wird, was der Würde des Amtes nicht entspreche.

---

**Argumente der Befürworter**

- **Legitimation der Amtsausübung** durch Zustimmung der Mehrheit der wahlberechtigten Bevölkerung
- **politische Aktivierung der Bürger** und **Vermittlung von politischer Bildung** durch Auseinandersetzung mit den politischen Ideen der Kandidaten während des Wahlkampfes
- **Verhinderung von Absprachen zwischen Parteien** in Hinterzimmern, Offenheit statt politisches Strippenziehen im Hintergrund

**Argumente der Kritiker**

- durch mögliche Direktwahl **vergrößertes politisches Gewicht** steht im **Spannungsfeld zu den vorwiegend repräsentativen Aufgaben** des Bundespräsidenten
- Gefahr, dass es zu **problematischem Spannungsverhältnis zwischen Bundespräsident und Bundeskanzler** kommt
- nach leidenschaftlichem Wahlkampf **Erschwerung des Ziels, dass Bundespräsident integrativ wirkt** und als Staatsoberhaupt aller Deutschen wahrgenommen wird
- **schwache Wahlbeteiligung** bei der Wahl **unter Umständen abträglich für Amtsautorität** des Bundespräsidenten

---

## Offene Vorwahlen für alle Parlamentsmandate

Ein häufig geäußerter Vorwurf gegenüber Politikern ist, dass sie zwar damit vertraut seien, sich gegen innerparteiliche Rivalen durchzusetzen, doch **zu wenig Erfahrung außerhalb der Politik** besäßen, um **verantwortungsvolle, bürgernahe Entscheidungen** zu treffen. Eine Möglichkeit, dies zu ändern und z. B. auch Seiteneinsteigern mit Berufserfahrung die Chancen für die Erringung von Mandaten zu eröffnen, wäre die **Einführung offener Vorwahlen**. Die Entscheidung, wer für die Partei als Direkt- oder Listenkandidat aufgestellt wird, träfe nicht mehr die Partei, sondern es würde eine Vorwahl durchgeführt werden, an der sich die Bürger eines Wahlkreises unabhängig von ihrer Parteizugehörigkeit beteiligen könnten.

---

**Argumente der Befürworter**

- **Chance auch für Seiteneinsteiger**; Karriere als „Parteisoldat" nicht zwingend nötig für Erringung eines Mandats
- **Einbringen von beruflicher Erfahrung** in politische Arbeit
- **Größeres Vertrauen in Politik** bei Kandidatur von Bürgern, die sich in anderen Bereichen als erfolgreich bewiesen haben
- **größeres allgemeines Interesse** für die Aufstellung der Kandidaten

**Argumente der Kritiker**

- Wahl von Kandidaten möglich, die **nicht genau die Auffassungen der Partei** vertreten
- **Erfahrung in politischer Arbeit** für Übernahme eines Mandats **unabdingbar**
- **politische Kompetenz wichtiger** als Bekanntheit

---

**Absenkung des Wahlalters**

Angesichts einer bisweilen nicht berauschenden Wahlbeteiligung wird immer wieder die Idee diskutiert, das Wahlalter abzusenken, um **mehr junge Leute für die Politik zu interessieren** und dadurch **frischen Wind in die Politik** zu bringen. Für Landtagswahlen und für Wahlen auf kommunaler Ebene wurde das Wahlalter bereits in einigen Bundesländern auf 16 Jahre abgesenkt.

---

**Argumente der Befürworter**

- **Erhöhung der Motivation** junger Menschen, sich für Politik zu interessieren
- stärkeres Eingehen von Parteien in ihren Programmen auf die **Wünsche der Jugend**
- **Gegengewicht** gegen das aufgrund des demografischen Wandels wachsende politische Gewicht der älteren Generation
- Notwendigkeit der früheren **Vermittlung politischen Wissens in Schulen**

**Argumente der Kritiker**

- **zu wenig Lebenserfahrung** der jungen Menschen, um politische Entscheidungen von großer Tragweite treffen zu können
- **Möglichkeit der Manipulation** junger Menschen im Wahlkampf aufgrund ihrer (noch) fehlenden Bildung
- **stärkere Emotionalisierung** im Wahlkampf zu erwarten

---

## 4.3 Chancen und Hemmnisse von Demokratisierungsprozessen in der Welt

In den letzten Jahren haben viele Menschen vor allem aus Staaten Afrikas und Asiens ihre Heimat verlassen, um woanders ein **Leben in Sicherheit und Würde** führen zu können. Oft ist **wirtschaftliche Not** das ausschlaggebende Motiv für die Entscheidung zur **Flucht**, in vielen Fällen ist es aber auch die Erfahrung **politischer Unterdrückung** oder gar **Verfolgung** in den Heimatländern. Die Hoffnung, dass nach dem Zusammenbruch des Ostblocks die Ausbreitung der Demokratie in der ganzen Welt einen entscheidenden Schub bekommen würde, hat sich leider nicht erfüllt. Die Alleinherrschaft von Potentaten oder von Parteien, Korruption, Ausbeutung der einfachen Bevölkerung und gnadenlose Verfolgung von Kritikern sind in vielen Staaten der Welt noch immer an der Tagesordnung. Das Bestreben, **Demokratisierungsprozesse** in der Welt **zu fördern**, ist deswegen wichtig, weil eine demokratische Ordnung, die durch **Freiheit, Gleichheit** und **Partizipationsmöglichkeiten** bestimmt ist, das Ende von Unterdrückung und Ausbeutung bedeutet.

Nach Fritz Vilmar kann man **Demokratisierung** als Inbegriff aller Aktivitäten verstehen, deren Ziel es ist, „autoritäre Herrschaftsstrukturen zu ersetzen durch Formen der **Herrschaftskontrolle von ‚unten'**, der **gesellschaftlichen Mitbestimmung, Kooperation** und – wo immer möglich – durch **freie Selbstbestimmung**.‟

Einer Demokratisierung steht in vielen Staaten, vor allem in Entwicklungsländern, eine Vielzahl von **Hemmnissen** entgegen, z. B.:

- schlechte **wirtschaftliche Lage**
- **geringes Bildungsniveau** der Bevölkerung
- **Mangel wirksamer staatlicher Strukturen**, häufig Zerfall staatlicher Strukturen
- **Fehlen demokratischer Strukturen** und einer demokratischen Tradition
- **Machtmonopol** eines Diktators bzw. einer herrschenden Partei und damit verbunden Unterdrückung und Verfolgung von demokratischen Kräften

- **grassierende Korruption**, vor allem bei den politischen und wirtschaftlichen Eliten
- **ethnische Konflikte**

Das Konzept von *good governance* („gute Regierungsführung", „gute Staatsführung") steckt einen Rahmen für die Bewertung von Regierungshandeln ab und ist deswegen auch für die Frage, wie Demokratisierungsprozesse gefördert werden können, hilfreich. Es beinhaltet folgende Kriterien:

- Achtung der **Menschenrechte:** z. B. keine willkürlichen Verhaftungen oder Folter, Schutz von Minderheiten, Freiheit der Religionsausübung, Meinungsfreiheit
- **Partizipationsrechte** der Bevölkerung: z. B: freie und gleiche Wahlen, Recht zum Zusammenschluss in Vereinigungen und Parteien
- **Rechtsstaatlichkeit** und **Rechtssicherheit:** z. B. Unabhängigkeit der Justiz, keine rechtsfreien Räume, Gleichheit vor dem Gesetz
- **freie, soziale Wirtschaftsordnung:** z. B. Recht auf Privateigentum, regelbasierte Marktwirtschaft, Verhinderung von Monopolen
- **Entwicklungsorientierung staatlichen Handelns:** z. B. effiziente staatliche Verwaltung, Bekämpfung von Korruption, Streben nach transparentem staatlichen Handeln

Die Frage, wie Demokratisierungsprozesse in autoritären oder diktatorischen Staaten von außen unterstützt werden können, ist nur schwer allgemein zu beantworten, da es stark auf die konkreten Umstände ankommt, z. B. auf das Ausmaß der Unterdrückung, das in einem Staat herrscht. **Mögliche Maßnahmen** könnten z. B. sein:

- Gespräche auf Regierungsebene, um auf **Menschenrechtsverletzungen aufmerksam zu machen** und politischen Druck auszuüben
- Ausbau von **zwischenstaatlichen Kontakten** auf unterschiedlichen Ebenen
- **Abhängigkeit gewährter wirtschaftlicher Hilfe** von Fortschritten im Demokratisierungsprozess

- **Unterstützung von zivilgesellschaftlichen Gruppierungen** und von regimekritischen Journalisten, Wissenschaftlern, Studenten
- Initiieren von **gemeinsamen wirtschaftlichen Projekten:** Wandel durch Formen der Kooperation
- **Berichterstattung durch Medien** über Missstände in einem Staat
- Unterstützung von **politischen Exilorganisationen**

Allerdings gibt es eine ganze Reihe von Hemmnissen bei der Förderung von Demokratisierungsprozessen in nicht-demokratischen Staaten:

- **wenig Kontakte** mit dem entsprechenden Staat
- **wirtschaftliche oder politische Macht** eines Staates, um unliebsame **Einmischungen** auf zwischenstaatlicher Ebene von außen weitgehend **abblocken** zu können
- kaum Spielräume für Unterstützung der politischen Opposition aufgrund eines **engmaschigen Unterdrückungssystems** und einer **flächendeckenden Zensur**
- bei Staaten mit rückständigen Strukturen oft **kaum zivilgesellschaftliche Gruppierungen** vorhanden
- **Fehlen von Symbolfiguren** für den Kampf gegen Unterdrückung und für mehr Rechte für das Volk in dem betreffenden Staat
- **geringe Aufmerksamkeit** für Länder, die bei Regierungen und Öffentlichkeit demokratischer Staaten als politisch, wirtschaftlich und strategisch bedeutungslos gelten
- **große kulturelle Unterschiede**; oft wenig Wissen um die politischen Traditionen in dem Land

# Aspekte der Europäischen Einigung

## 1 Geschichtlicher Überblick über die Entwicklung der Europäischen Einigung

Als **Winston Churchill** im Jahr **1946** in einer Rede in Zürich die **Vereinigten Staaten von Europa** als anzustrebendes Ziel ausrief, gab es zu diesem Zeitpunkt wohl nicht viele, die an die baldige Realisierung dieser **Vision** geglaubt hätten. Es war erst ein Jahr her, dass durch die Kapitulation Deutschlands der Zweite Weltkrieg beendet worden war, der ca. 60 Millionen Menschen das Leben gekostet hatte. Doch nur wenige Jahre nach Churchills Rede wurde von Politikern ein **Prozess in Gang gesetzt**, der schließlich zur **Europäischen Union** führte, in der heute (2020) **27 Staaten** zusammengeschlossen sind.

Die konkreten Vorschläge für eine engere Zusammenarbeit europäischer Staaten kamen aus Frankreich. Außenminister **Robert Schuman** trat im Jahr **1950** mit der – auf seinen Landsmann Jean Monnet zurückgehenden – **Idee** an die Öffentlichkeit, die **Kohle- und Stahlproduktion Frankreichs** und der **Bundesrepublik Deutschland** einer gemeinsamen **Aufsichtsbehörde** zu unterstellen. Am 18. April **1951** unterzeichneten sechs Staaten – neben Frankreich und der Bundesrepublik auch Italien sowie Belgien, Luxemburg und die Niederlande – den Vertrag zur Gründung der **Europäischen Gemeinschaft für Kohle und Stahl** (**EGKS**). Der Vertrag sah vor, dass zwischen diesen Staaten im Bereich der Montanwirtschaft (Kohle und Stahl) eine **Zollunion** geschaffen werden sollte. Außerdem wurde eine „**Hohe Behörde**" ins Leben gerufen, die Regelungen für alle Mitgliedsstaaten treffen konnte. Damit wurde die **erste supranationale Institution** in Europa eingerichtet. Der Montanunion lag die Einschätzung zugrunde, dass wirtschaftlich eng verflochtene Staaten gegeneinander **keinen Krieg** führen würden.

Im Jahr 1957 wurden von den Staaten, welche die EGKS gegründet hatten, die **Römischen Verträge** unterschrieben, in denen durch die **Abschaffung der Zölle im gesamten gemeinsamen Wirtschaftsgebiet** ein **gemeinsamer Markt** geschaffen wurde (**Europäische Wirt-**

**schaftsgemeinschaft**). Außerdem vereinbarten die Staaten eine **Kooperation** bei der **zivilen Nutzung der Kernenergie (EURATOM)**. Durch die Einrichtung eines **Europäischen Parlamentes** sowie der politischen Organe **Kommission** und **Ministerrat** wurde die rein wirtschaftliche Ebene verlassen und ein **Schritt in Richtung politische Zusammenarbeit** getan. Im Jahr 1967 wurden in einem Fusionsvertrag die Einrichtungen Kommission und Rat, die es bisher für alle drei Gemeinschaften (EGKS, EWG und EURATOM) getrennt gegeben hatte, zusammengelegt. Man sprach jetzt von dem Organ der **Europäischen Gemeinschaften (EG)**.

Durch die Unterzeichnung des **Vertrags von Maastricht** im Jahr **1992** wurde die Europäische Gemeinschaft, die nach den Beitritten Großbritanniens (1973) und anderer Staaten inzwischen bereits 12 Mitglieder umfasste, zu einer **politischen Union:**

- **gemeinsame Außen- und Verteidigungspolitik** als Ziel
- **enge Kooperation in den Bereichen Justiz und Inneres**
- **Entscheidung** für die Einführung des Euro als **gemeinsame Währung**

Die ab jetzt verwendete Bezeichnung „**Europäische Union**" drückte diese vertiefte Integration aus.

Durch die **Osterweiterung** im Jahr **2004** vergrößerte sich die Zahl der Mitglieder der EU massiv. Ziel der Europäischen Union in dieser Zeit war die **Ausarbeitung** einer Europäischen **Verfassung** als institutionelle Grundlage für die EU als politischer Union. Allerdings fand der ausgearbeitete **Entwurf** für die **Verfassung** bei Volksabstimmungen in Frankreich und den Niederlanden **keine Mehrheit**. Deswegen einigten sich die Staaten der EU auf einem Treffen in der portugiesischen Hauptstadt Lissabon im Jahr **2007** als Ersatz für die abgelehnte Verfassung auf einen **Grundlagenvertrag**, der die **Funktion einer Verfassung** übernehmen sollte (**Vertrag von Lissabon**). Durch den Vertrag sollte eine **neue Stufe** der **europäischen Integration** erreicht und die **Effizienz der EU-Organe** gesteigert werden:

- Verbesserung der Außendarstellung sowie wirkungsvollere Koordination durch Schaffung der **Ämter** eines **EU-Präsidenten** sowie

eines **Hohen Vertreters der Europäischen Union für die Außen-
und Sicherheitspolitik**

- Erweiterung der **Rechte** des **Europäischen Parlaments**
- stärkeres **Mitspracherecht** für die **Bürger** durch Möglichkeit einer
  europäischen Bürgerinitiative: Kommission kann bei Vorliegen
  einer bestimmten Zahl von Stimmen aufgefordert werden, sich eines
  Anliegens anzunehmen und neue politische Vorschläge zu unterbreiten.

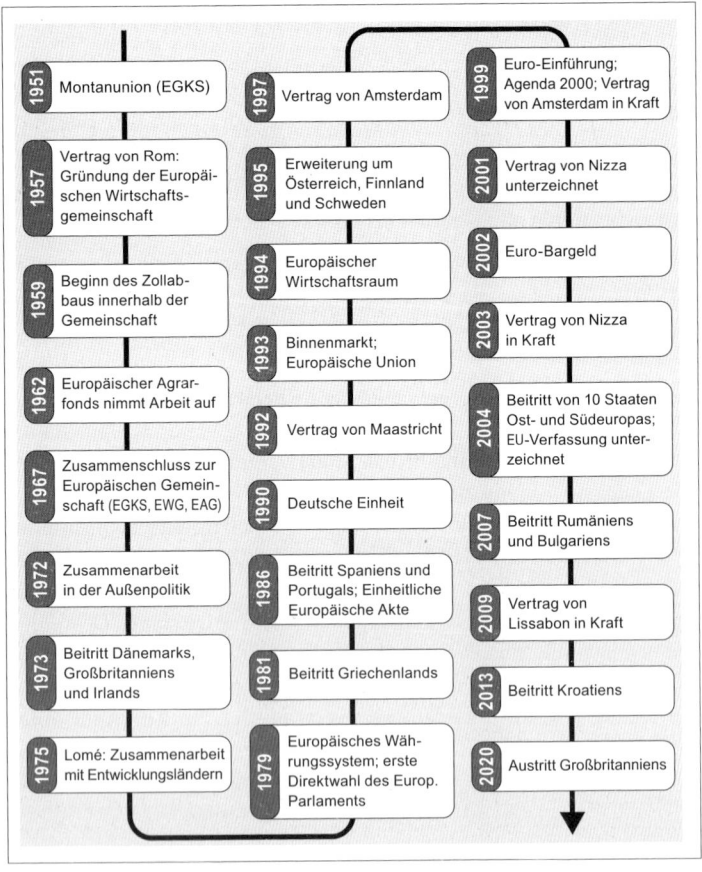

Etappen der Europäischen Einigung

# 2 Institutioneller Aufbau der EU

Die wichtigsten Organe der EU sind der Europäische Rat, der Rat der Europäischen Union, das Europäische Parlament, die Europäische Kommission und der Europäische Gerichtshof.

## 2.1 Europäischer Rat

Der Europäische Rat besteht aus den Staats- und Regierungschefs der 27 Mitgliedsstaaten, dem Präsidenten des Europäischen Rats und dem Präsidenten der Europäischen Kommission. Er wählt seinen **Präsidenten** für eine **Amtszeit** von **zweieinhalb Jahren** mit **qualifizierter Mehrheit**. Dessen Aufgabe ist es, die **Treffen** des Europäischen Rats **vorzubereiten** und zu **leiten**. Außerdem **vertritt** er die **Europäische Union nach außen**.

Der Europäische Rat trifft sich zweimal im Halbjahr, die Treffen werden auch als „**EU-Gipfel**" bezeichnet. Auf ihnen werden die **grundsätzliche politische Richtung** und die **strategischen Leitlinien** der **EU** festgelegt. Außerdem werden von diesem Kreis auch wichtige **Personalentscheidungen** getroffen (neben der Wahl des Präsidenten des Europäischen Rats auch die Wahl des Hohen Vertreters für die Außen- und Sicherheitspolitik).

## 2.2 Rat der Europäischen Union (Ministerrat)

Im Rat der Europäischen Union treffen sich jeweils die für das betreffende Sachgebiet **zuständigen Minister** der einzelnen Mitgliedsstaaten, die befugt sind, verbindlich für ihre Regierung zu handeln. Traditionell am bedeutendsten ist der **Rat der Außenminister** der Mitgliedsstaaten. Insgesamt gibt es **zehn Fachministerräte**.

Der Rat verfügt über kein eigenes Gesetzesinitiativrecht, jedoch kann er die Kommission auffordern, zu bestimmten Themen Gesetzesvorschläge zu unterbreiten. Gemeinsam **mit** dem **Europäischen Parlament** hat er eine **wichtige legislative Funktion:**

- Er **entscheidet** gemeinsam mit dem Europäischen Parlament **über Gesetzentwürfe**, die von der Europäischen Kommission vorgelegt werden.

- Mit dem Europäischen Parlament zusammen muss er auch jedes Jahr den von der Kommission vorgelegten **Haushalt billigen**.

Je nach dem Gegenstand ist bei den Abstimmungen eine **einfache** oder eine **qualifizierte Mehrheit** notwendig, manchmal auch **Einstimmigkeit**.

Im Bereich der **Gemeinsamen Außen- und Sicherheitspolitik** ist der Ministerrat das **zentrale Entscheidungsorgan**. Er fasst hier – auf der Grundlage der Vorgaben der Staats- und Regierungschefs – **Beschlüsse**, die in der Regel der **Einstimmigkeit** bedürfen. Das Europäische Parlament hat im Bereich der Verteidigungs- und Sicherheitspolitik lediglich ein Anhörungsrecht.

Neben seiner legislativen Aufgabe besitzt der Rat der EU auch eine **exekutive Funktion**, denn er erlässt Vorschriften zur Durchführung von Rechtsakten oder führt diese auch selbst aus.

## 2.3 Das Europäische Parlament

Das **Europäische Parlament** stellt die **Volksvertretung** der **EU** dar. Seit 1979 werden seine **Abgeordneten** (momentan 750 Abgeordnete und ein Präsident) **direkt gewählt**. Die Sitzungen des Parlaments finden in **Straßburg** statt, die Fraktionstreffen und die Zusammenkünfte der Ausschüsse (sowie zusätzliche Plenartagungen) dagegen in **Brüssel**. Präsident des Europäischen Parlaments ist momentan (2020) David Sassoli aus Italien.

**Wichtige Aufgaben** des Europäischen Parlaments sind:

- **Bewilligung** des **Haushalts** (gemeinsam mit dem Rat der EU)

- **Mitsprache** bei der **Gesetzgebung:** Verabschiedung von Gesetzen gemeinsam mit dem Rat der Europäischen Union (**ordentliches Gesetzgebungsverfahren**); Zustimmung oder Ablehnung eines dem EU-Parlament vom Rat der Europäischen Union zugeleiteten Rechtsaktes (**Zustimmungsverfahren**)

- demokratische **Kontrolle aller Organe der EU**, besonders der **Europäischen Kommission** (z. B. Rechenschaftspflicht der Kommission, Erzwingen des Rücktritts der Kommission durch Misstrauensvotum mit Zweidrittelmehrheit)

- **Informationsfunktion** (z. B. Information der EU-Bürger durch öffentliche Plenarsitzungen)

Im Europäischen Parlament sind **sieben Fraktionen** vertreten. Für die Zusammensetzung der Fraktionen ist nicht das Herkunftsland der Abgeordneten, sondern die **politische Richtung entscheidend:**

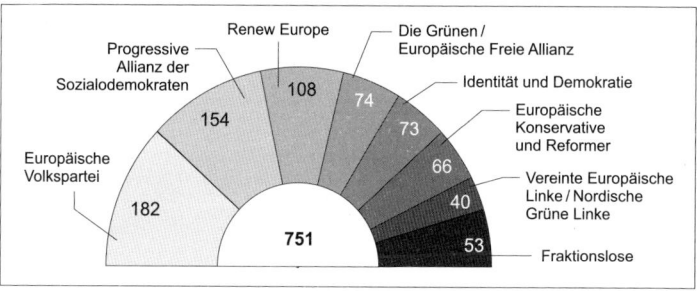

Europawahl 2019

Obwohl das Europäische Parlament nicht zuletzt durch den Vertrag von Lissabon an Bedeutung gewonnen hat, ist die **Wahlbeteiligung** bei den **Europawahlen** meistens nicht besonders hoch. Für das **fehlende Interesse vieler Bürger** am Europäischen Parlament gibt es einige **Gründe:**

- Viele **Bürger wissen zu wenig** über die Europäische Union im Allgemeinen und die **Rolle** des **Europäischen Parlaments** im Besonderen, sodass ihnen die Bedeutung der Entscheidungen des Europäischen Parlaments für ihr tägliches Leben nicht klar sind.

- Im Gegensatz zu den meisten nationalen Parlamenten gibt es **kein Widerspiel** von **Regierung** und **Opposition**, sondern die meisten Entscheidungen des Parlaments werden mit großer Mehrheit getroffen. Die Einigkeit des Europäischen Parlaments ist deshalb so wichtig, weil es stärker ist, wenn es anderen wichtigen Organen der EU, Ministerrat und Kommission, geschlossen gegenübertritt.

- Der Kandidat für das wichtige Amt des **Präsidenten der Europäischen Kommission**, der „Regierung" der EU, wird von den **Staats- und Regierungschefs vorgeschlagen**, was von vielen EU-Bürgern als Beweis für die begrenzte politische Gestaltungsmacht des Europäischen Parlaments empfunden wird.
- Durch die **Notwendigkeit** der **Übersetzung** von Reden sind lebhafte Parlamentsdebatten nicht so leicht zu verfolgen wie bei den nationalen Parlamenten.

## 2.4 Die Europäische Kommission

Die **Europäische Kommission** stellt das **ausführende Organ** der **EU** dar und ist gleichsam die „**Regierung**" der EU. Sie weist einschließlich ihres Präsidenten/ihrer Präsidentin (seit 2019 Ursula von der Leyen) und des Hohen Vertreters für Außen- und Sicherheitspolitik **einen Kommissar** (m/w/d) **pro Mitgliedsland** auf, der von dem Präsidenten/der Präsidentin die Verantwortung über einen bestimmten Politikbereich  übertragen bekommt. Der Präsident/die Präsidentin der Kommission wird vom **Europäischen Rat vorgeschlagen** und vom **Europäischen Parlament gewählt**.

Während ihrer Amtsdauer kann es **kein Misstrauensvotum** gegen **einzelne Kommissare** geben. Wenn mindestens **zwei Drittel** der **Abgeordneten** des Europäischen Parlaments der **Kommission** ihr **Misstrauen** aussprechen, **muss diese zurücktreten**.

Die **Kommission** ist nur den Interessen der EU verpflichtet und damit von den **nationalen Regierungen unabhängig**, was sie als ein **supranationales Gemeinschaftsorgan** charakterisiert. Innerhalb der Kommission besitzt der Präsident/die Präsidentin eine Richtlinienkompetenz, doch soll die Kommission bei Beschlüssen als Kollegialorgan auftreten.

Die Europäische Kommission besitzt folgende Aufgaben:

- **Unterbreitung** von **Gesetzesvorschlägen** (Initiativrecht) gegenüber Ministerrat und Europäischem Parlament („**Motor der Integration**"); im Normalfall enge Abstimmung mit den anderen Organen der EU

- **Umsetzung der** Entscheidungen der **EU-Organe** („**Regierung der Union**")

- **Verantwortung** für die **Durchsetzung** des **Europäischen Rechts** („**Hüterin der Verträge**") gemeinsam mit dem Europäischen Gerichtshof

- **Verantwortung** für **Gelder** und **Programme** der **EU**, Überwachen der Ausgabenpolitik

- **Vertretung** der **Europäischen Union nach außen** (z. B. beim Aushandeln von Verträgen zwischen EU und Drittstaaten)

## 2.5 Der Europäische Gerichtshof

Der **Europäische Gerichtshof** ist das **höchste Rechtsprechungsorgan** der EU und hat seinen **Sitz** in **Luxemburg**. Er besteht aus **27 Richtern** (jeder Mitgliedsstaat entsendet einen Richter), die von **elf Generalanwälten** unterstützt werden. Die Richter werden von den Regierungen der Mitgliedsstaaten ernannt, wobei die Ernennungen in gegenseitigem Einvernehmen verlaufen sollen. Der Gerichtshof trifft **Entscheidungen**, ob in **Einzelfällen gegen EU-Recht** verstoßen wurde (**Anwendung der Verträge**), und er bestimmt, wie strittige Texte in den Verträgen zu verstehen sind (**Auslegung der Verträge**). Bedeutsam für die einheitliche Auslegung des Europäischen Rechts sind die **Vorabentscheidungen** des Europäischen Gerichtshofes. Tritt der Fall ein, dass ein nationales Gericht bei einem Prozess Europarecht beachten muss, das stets Vorrang vor nationalem Recht hat, kann es vom Europäischen Gerichtshof eine Vorabentscheidung verlangen, die dann **für** das **nationale Gericht bindend** ist.

## 2.6 Die Europäische Zentralbank

Die Europäische Zentralbank wurde im Jahr 1998 als Konsequenz der Entscheidung für die Einführung einer gemeinsamen Währung gegründet. Das **Direktorium der Europäischen Zentralbank**, die ihren Sitz in Frankfurt a. M. hat, setzt sich aus dem Direktor (m,w,d), dem Vizepräsidenten (m,w,d) sowie **vier weiteren Mitgliedern** zusammen, die alle **vom Europäischen Rat** mit **qualifizierter Mehrheit ausgewählt** und **ernannt** werden. Die **Amtszeit** der Mitglieder des Direktoriums beträgt **acht Jahre**, eine erneute Ernennung ist nicht möglich, was ihre Unabhängigkeit bei Entscheidungen sichert. Seit 2019 steht die Französin **Christine Lagarde** an der Spitze der EZB. Gemeinsam mit den Präsidenten (m/w/d) der nationalen Zentralbanken bilden die Mitglieder des Direktoriums den **Rat der Europäischen Zentralbank**, der das **oberste Beschlussorgan der EZB** darstellt. Dort werden die wesentlichen Beschlüsse zur Geldpolitik gefasst.

Die EZB hat folgende **geldpolitische Aufgaben:**

- Ausgabe der Banknoten
- Steuerung der Geldmenge
- Festlegung der Leitzinsen
- Interventionen auf dem Devisenmarkt
- Verwaltung der Währungsreserven

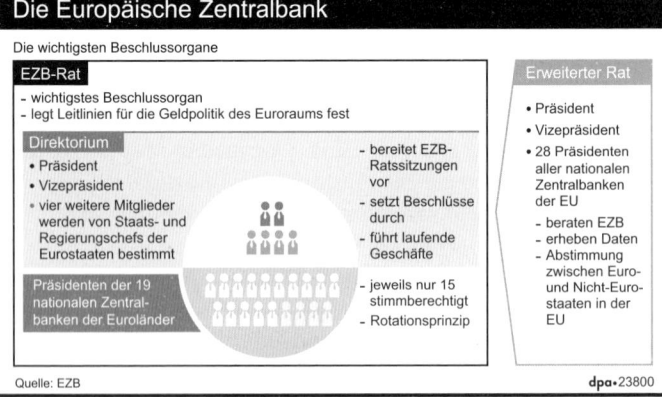

EZB im Überblick (seit dem Brexit nur noch 27 Präsidenten im erweiterten Rat)

Übergreifende Aufgaben der EZB sind die **Sicherung der Preissta-bilität** sowie die **Unterstützung der Wirtschaftspolitik** der Europäischen Union.

## 2.7 Der Rechnungshof

Durch den Vertrag von Maastricht ist der Rechnungshof in den Rang eines **Organs der Europäischen Union** erhoben worden. **Jeder Mitgliedsstaat** verfügt über **einen Vertreter** im Rechnungshof. Die Mitglieder werden auf Vorschlag der nationalen Regierungen vom Europäischen Rat für eine Amtszeit von sechs Jahren ernannt. Der Sitz des Rechnungshofes befindet sich in **Luxemburg**.

Der Rechnungshof **kontrolliert** alle **Einnahmen und Ausgaben** der Europäischen Union und legt jährlich einen allgemeinen **Rechenschaftsbericht** vor, aus dem hervorgeht, ob es fehlerhafte Zahlungen oder eine unsachgemäße Verwaltung der Gelder der EU gegeben hat.

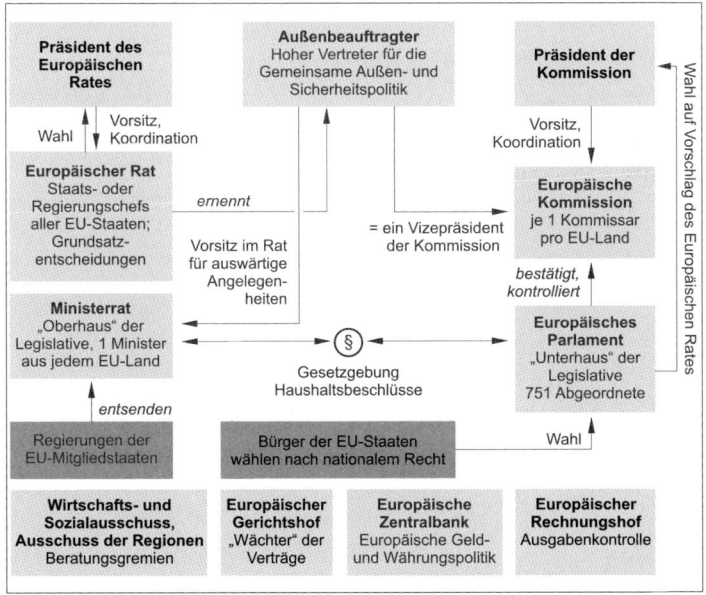

Das politische System der EU

# 3 EU auf dem Weg zum europäischen Rechtsraum

Die Staaten der EU wachsen zusammen, was sich in der allmählichen **Entwicklung** eines **einheitlichen Rechtsraumes** widerspiegelt.

## 3.1 Das Prinzip der Subsidiarität

In der Europäischen Union gilt grundsätzlich das **Prinzip der Subsidiarität**. Das bedeutet, dass der EU nur dann **Kompetenzen übertragen** werden sollen, wenn Probleme auf der **regionalen** oder **nationalen Ebene nicht zufriedenstellend gelöst** werden können. Im Vertrag von Lissabon ist das Prinzip der Subsidiarität noch einmal bekräftigt worden und es wurde sogar ein **Einspruchsrecht der nationalen Parlamente** verankert, falls sie ihre Kompetenzen zu Unrecht von Organen der Europäischen Union eingeschränkt sehen. Außerdem können Regierungen der Mitgliedsstaaten, auch im Auftrag ihrer Parlamente, **Klage beim Europäischen Gerichtshof** erheben, falls sie der Auffassung sind, dass nationale Rechte unrechtmäßig beschnitten würden. Durch das Prinzip der Subsidiarität soll ein **europäischer Superstaat verhindert** werden, der fernab von den Anliegen der Bürger Entscheidungen trifft.

## 3.2 Zuständigkeiten in der EU

Bei der Europäischen Union und den Mitgliedsstaaten kann man prinzipielle **drei Arten von Zuständigkeiten** unterscheiden:

- **ausschließlicher Wirkungsbereich der Mitgliedsstaaten** (z. B. Bildung, Gesundheit)
- **ausschließlicher Wirkungsbereich** der **Europäischen Union** (z. B. Außenhandel, Binnenmarkt, Währungspolitik bei den Euro-Staaten)
- **Teilung der Zuständigkeiten** zwischen Mitgliedsstaaten und Europäischer Union (z. B. Umweltschutz, Verbraucherschutz, Energie)

## 3.3 Gemeinschaftsrecht der Europäischen Union

Das Gemeinschaftsrecht der Europäischen Union wird durch das **Primär- und Sekundärrecht** der EU gebildet und umfasst außerdem die **Rechtsprechung des Europäischen Gerichtshofs**. Das **Primärrecht** der EU besteht aus dem in Maastricht 1992 unterzeichneten **Vertrag über die Europäische Union** (einschließlich seiner späteren Veränderungen durch die Verträge von Amsterdam, Nizza und Lissabon) sowie dem **Vertrag über die Arbeitsweise der Europäischen Union**. Unter **Sekundärrecht** versteht man die auf der primärrechtlichen Grundlage erlassenen Rechtsakte. Dazu gehören die von der Europäischen Kommission initiierten und von Ministerrat und Europäischem Parlament verabschiedeten **Richtlinien** und **Verordnungen**. Zum Sekundärrecht werden auch die Entscheidungen und Beschlüsse des Ministerrates oder der Europäischen Kommission zu Einzelfällen sowie die Empfehlungen und Stellungnahmen der EU gezählt.

## 3.4 Das Zusammenwirken der EU-Organe in der Rechtsetzung

**Rechtsakte** werden **von** der **Europäischen Kommission vorgeschlagen** und von ihr dann dem Europäischen Parlament und dem Rat der Europäischen Union („Ministerrat") zugeleitet. **Sprechen** sich sowohl das **Europäische Parlament** als auch der **Rat der Europäischen Union für** den **Rechtsakt aus**, so ist er **angenommen** und tritt in Kraft. Bei unterschiedlichen Auffassungen kann ein **Vermittlungsausschuss** angerufen werden, der versucht, einen Kompromiss zu erreichen. Wenn dem Kompromiss am Ende beide Organe zustimmen, so ist der Rechtsakt angenommen, im Falle der Ablehnung ist er gescheitert.

Bei den vom Europäischen Parlament und dem Rat der Europäischen Union („Ministerrat") gefassten Beschlüssen in Form von europäischen Gesetzen unterscheidet man folgende **Rechtsakte:**

- **Verordnungen:** Sie sind nach ihrer Verabschiedung in allen Mit-gliedsstaaten gültige „Gesetze", welche über dem nationalen Recht stehen.

- **Richtlinien:** Die Mitgliedsstaaten müssen die in den Richtlinien de-finierten Ziele inhaltlich umsetzen, indem sie existierende nationale gesetzliche Regelungen ändern oder neu erlassen. Für die Umset-zung gibt es einen Zeitrahmen, außerdem ist es den Mitgliedsstaaten freigestellt, auf welche Art und Weise die Ziele umgesetzt werden.

- **Beschlüsse:** Sie stellen Rechtsakte dar, durch welche Einzelfälle verbindlich geregelt werden.

Des Weiteren können **Empfehlungen** ausgesprochen und Stellung-nahmen abgegeben werden, die aber **nicht verbindlich** sind.

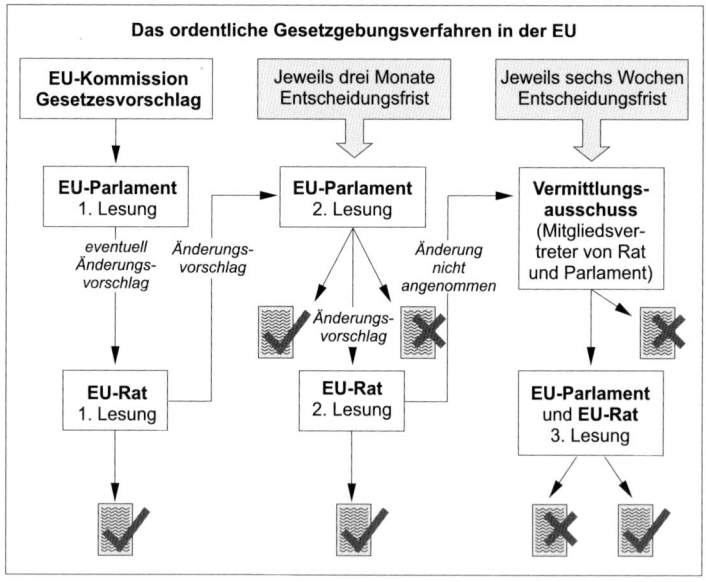

Prozess der Gesetzgebung

## 3.5 Entwicklung eines europäischen Rechtsraums

Mit dem **Vertrag von Maastricht erweiterten** die **Mitgliedsstaaten** ihre **Kooperation** auf die **Politikfelder Justiz und Inneres**, die neben der wirtschaftlichen Zusammenarbeit und der Gemeinsamen Außen- und Sicherheitspolitik die **dritte Säule der EU** bildeten.

In dem Bestreben, bei der Entwicklung eines einheitlichen europäischen Rechtsraumes voranzukommen, wurden im Jahr **2009** vom Europäischen Rat mit dem **Stockholmer Programm** Richtlinien für eine gemeinsame Innen- und Sicherheitspolitik der Mitgliedsstaaten gebilligt. Den neueren technologischen Entwicklungen und den damit einhergehenden Bedrohungen der Sicherheit wurde im Programm mit dem **Ausbau der polizeilichen, militärischen und geheimdienstlichen Zusammenarbeit** Rechnung getragen.

# 4 Herausforderungen und Perspektiven der EU

## 4.1 Herausforderungen

### Migration

**Problematik:**

- Auch nach der Flüchtlingskrise 2015 bleibt die irreguläre Zuwanderung eine Herausforderung (vgl. S. 122).
- Große Meinungsverschiedenheiten zwischen den EU-Ländern in Fragen der Flüchtlingsverteilung führen zu Konflikten.

**Lösungsansätze/-vorschläge:**

- Gemeinsame Regelungen aller EU-Staaten; Konsens; Verteilungsquoten
- Gemeinsame Standards für legale Einwanderung
- Schutz der EU-Außengrenzen in gemeinschaftlicher Verantwortung

### Rechtsstaatlichkeit

**Problematik:**

- In einigen EU-Staaten kommt es zu Verletzungen der Unabhängigkeit der Justiz und zu Einschränkungen der Pressefreiheit (z. B. Polen, Ungarn, Tschechien).
- Bereits bestehende Urteile des Europäischen Gerichtshofs, die die Staaten auffordern, Entscheidungen zurückzunehmen, die die Rechtsstaatlichkeit bedrohen, führen nicht automatisch zu realen Veränderungen.

**Lösungsansätze/-vorschläge:**

- Verknüpfung der Bewilligung von Fördergeldern und Strukturhilfen an die Einhaltung grundlegender rechtsstaatlicher Prinzipien
- Sanktionen bei Missachtung von Urteilen und Prinzipien

### Handel

**Problematik:**

- Zwischen der EU und den USA als wichtigen Handelspartner bestehen Konflikte in Bezug auf Handelshemmnisse. Die Vereinigten Staaten drohen europäischen Staaten damit, Zölle auf bestimmte Einfuhrprodukte (z. B. auf Autos oder Wein) zu erheben, wenn ihnen nicht in manchen Fragen entgegengekommen wird.
- Manche EU-Staaten wollen nicht auf die Forderung der USA eingehen, um die heimische Wirtschaft zu schützen: z. B. Zugang der US-Agrarprodukte zum EU-Markt.

**Lösungsansatz/-vorschlag:**

- Aushandlung eines Handelsvertrags, der den Interessen von EU und Vereinigten Staaten entspricht: äußerst kompliziert!

## Akzeptanz bei den Bürgern

**Problematik:**

• Viele EU-Bürger bringen mit der EU vor allem problematische Tendenzen wie Bürokratisierung, undurchsichtige Entscheidungsprozesse oder endlose politische Querelen in Verbindung; positive Entwicklungen, die auf die EU zurückzuführen sind, werden oftmals nicht wahrgenommen.

• Durch den Brexit wurde den EU-Bürgern klar, dass es durchaus möglich ist, die EU zu verlassen, was Skeptikern Auftrieb verleiht.

**Lösungsansätze/-vorschläge:**

• Förderung eines positiven Bildes der EU; Förderung eines Empfindens von Stolz der EU-Mitglieder, z. B. durch

  – intensivere Vermittlung von Wissen über die Funktionsweise und die Bedeutung der Europäischen Union sowie über die erreichten Erfolge
  – eine klare Anwendung des Subsidiaritätsprinzips: Bereiche, die besser von den Mitgliedsstaaten zu regeln sind, sollten von diesen auch entschieden werden; Verzicht auf den umfassenden Anspruch der Herstellung gleicher Lebensverhältnisse in der EU
  – Zurückhaltung bei der Aufnahme neuer Mitglieder: Priorität für die Verbesserung der Zusammenarbeit und der Lebensverhältnisse innerhalb der EU
  – noch stärkere Transparenz bei den Ausgaben der EU: Fördermittel in vollem Umfang nur, wenn betreffender Mitgliedsstaat auch solidarisches Verhalten in anderen Bereichen zeigt

## Haushalt

**Problematik:**

• Seit dem Brexit fehlt der EU ein großer Nettozahler: in der Folge müssen Ausgaben gesenkt oder Beiträge erhöht werden (Widerstand einiger verbleibender EU-Staaten)

• Eine Senkung der Ausgaben ist schwierig, da Investitionen nötig sind, um z. B. in der Forschung nicht den Anschluss zu verlieren oder um die Grenzen wirkungsvoll zu schützen (Ausbau Frontex) bzw. in Fragen der Verteidigung unabhängiger von den USA zu werden.

• Weiterhin bestehen in einigen EU-Ländern Haushaltsprobleme (Griechenland, Italien). Besonders Italien kann zu einem großen Problem werden, da es ein wirtschaftliches Schwergewicht ist; populistische Strömungen verhindern aber beispielsweise in Italien eine Senkung der Staatsausgaben.

**Lösungsansätze/-vorschläge:**

• bessere Information der Bevölkerung über die Bedeutung der Beiträge der Mitgliedsstaaten für Fortschritte in der Europäischen Union

• verstärkte Bemühungen der Europäischen Kommission, bei Mitgliedsstaaten auf einen Abbau der Staatsverschuldung und eine Stärkung der Haushaltsdisziplin hinzuwirken

## 4.2 Perspektiven

Über die Ziele der EU hat es schon seit Beginn des europäischen Eini-
gungsprozesses äußerst unterschiedliche Auffassungen gegeben, was
sich auch in der Gegenwart nicht geändert hat. Dabei reicht das **Spek-
trum der Vorstellungen** hinsichtlich der Form der Integration von
den **Vereinigten Staaten von Europa**, also dem Übergang vom Staa-
tenbund zu einem Bundesstaat mit einer zentralen Regierung, bis zum
**Europa der Nationalstaaten**, die nur in bestimmten Bereichen (v. a.
der Wirtschaft) Zusammenarbeit betreiben, ohne dass die nationalen
Regierungen allzu viele Kompetenzen aus der Hand geben.

### Die Vereinigten Staaten von Europa

Ein **europäischer Bundesstaat** mit einer zentralen Regierung wurde
und wird von **vorbehaltlosen Befürwortern der europäischen Integration** als anzustrebendes **Ziel** gesehen. Gerade bei Krisen innerhalb
der EU (wie zuletzt etwa bei der Schuldenkrise) wird häufig gefordert,
die Integration entschlossen voranzutreiben und das Ziel einer politischen Union zu verwirklichen, weil nur so die Probleme der Gegenwart überwunden werden könnten. Nach dieser Vorstellung müssten
die **Kompetenzen des Europäischen Parlaments** stark **ausgeweitet**
und das **Demokratieprinzip** besser umgesetzt werden.

| Argumente der Befürworter | Argumente der Kritiker |
|---|---|
| • immer stärkere **Beteiligung der Bürger** der EU an Entscheidungen; EU gleichsam nicht mehr Projekt der Eliten, sondern der Bürger und damit **stärkere Identifikation mit der EU** | • **Angst** vieler Bürger vor **Überregulierung** durch „Brüsseler Superstaat" |
| • **Beschleunigung** der Entscheidungsprozesse | • **Verlust** der **Eigenständigkeit** von **Nationalstaaten** |
| • **bessere Reaktionsmöglichkeiten** bei **Krisen** | • **Dominanz der bevölkerungsreichen Staaten**, keine Berücksichtigung der Interessen der Bevölkerungen kleiner Staaten mehr |
| • **Abbau der Unterschiede bei den Lebensverhältnissen** innerhalb der Europäischen Union und damit größere Gerechtigkeit | • Zunahme der Zustimmung für euroskeptische Parteien, dadurch **Stärkung der zentrifugalen Kräfte** innerhalb der EU |
| • **größeres außenpolitisches Gewicht** der **EU** | • keine ausreichende Berücksichtigung **regionaler und nationaler Besonderheiten** |

## Europa der verschiedenen Geschwindigkeiten

Da es innerhalb der Mitgliedsstaaten verschiedene Auffassungen über Tempo und Ziel der Europäischen Integration gibt, vertreten manche die Idee eines **Europas der verschiedenen Geschwindigkeiten**. Das bedeutet, dass Mitgliedsstaaten, die die Zusammenarbeit vertiefen wollen, dies auch tun können, während andere Staaten nicht mitziehen müssen. Innerhalb der EU gibt es faktisch schon Ansätze für dieses Modell (Euro-Einführung, Schengenraum)

| Argumente der Befürworter | Argumente der Kritiker |
|---|---|
| • **Möglichkeit** der **Teilnahme** an **engerer Integration** für Staaten, die sich Vorteile versprechen; kein Bremsen durch skeptische Mitgliedsstaaten<br>• möglicherweise **durch** die **vertiefte Zusammenarbeit** einiger Mitgliedsstaaten **Sogwirkung** und dadurch letztendlich **Beschleunigung der Integration** | • möglicherweise **Sinken der Kompromissbereitschaft** innerhalb der EU<br>• unterschiedliche Entwicklungen bei der politischen und wirtschaftlichen Zusammenarbeit und damit letztendlich **Gefahr der Spaltung** der EU |

## EU als Wirtschaftsunion

Angesichts unterschiedlicher politischer Ziele der EU und einer sich verstärkenden Ausrichtung an nationalen Interessen der einzelnen Mitgliedsstaaten wird die Meinung vertreten, dass die EU das Ziel einer stetig voranschreitenden Integration aufgeben und sich stattdessen auf die **wirtschaftliche Kooperation beschränken** sollte.

| Argumente der Befürworter | Argumente der Kritiker |
|---|---|
| • angesichts des erheblichen erweiterten Kreises von Mitgliedsstaaten ist eine Einigung in politischen Fragen immer schwieriger; durch **Beschränkung auf wirtschaftliche Kooperation Einigung** erheblich **leichter**; zudem Konzentration auf ursprüngliche Einigungsidee<br>• **Nationalstaaten** als **politischer Rahmen äußerst wichtig**; größeres Vertrauen der Bürger in Politik bei überschaubarem Rahmen | • in Zeiten der Globalisierung viele Probleme gar nicht mehr auf nationalstaatlicher Ebene zu lösen,<br>• nur **im Rahmen der EU** wirkungsvolle **Vertretung der Interessen der Mitgliedsstaaten** gegenüber *global players* wie den **USA** oder **China** möglich<br>• Aufgabe des Ziels der Vertiefung der politischen Union gleichbedeutend mit der **Aufgabe der ursprünglichen Idee eines vereinten Europas** |

# Frieden und Sicherheit als Aufgabe der internationalen Politik

## 1 Definition von Frieden

Unter Frieden versteht man erst einmal die **Abwesenheit von Konflikten und Krieg zwischen Staaten**, aber auch **von Gewaltanwendung im Inneren eines Landes**. Die reine Abwesenheit von Gewalt wird von Friedensforschern auch als „**negativer Frieden**" bezeichnet. Mit dem Begriff „**positiver Frieden**" wird dagegen ein Zustand charakterisiert, der **frei von struktureller Gewalt** ist. Unter struktureller Gewalt in einer Gesellschaft wird dabei alles verstanden, was den Menschen daran **hindert**, seine ihm gegebenen **Anlagen in vollem Umfang** zu **entfalten** und zu **entwickeln**, z. B. Ausgrenzung, Diskriminierung, Armut, Mangel an Bildungschancen oder schlechte medizinische Versorgung. In den Zeiten zunehmender Umweltverschmutzung und einer drohenden Klimakatastrophe spielt außerdem der rücksichtsvolle **Umgang des Menschen mit der Natur** bei der Definition von Frieden eine immer größere Rolle.

Für freiheitliche Demokratien ist die **Abwesenheit von physischer Gewalt** die Basis für Frieden und Demokratie. Demokratische Gesellschaften

**GEWALT**

personale (direkte) | strukturelle (indirekte)

Abwesenheit von personaler Gewalt oder negativer Frieden | Abwesenheit von struktureller Gewalt oder positiver Frieden

**FRIEDEN**

Erweiterte Begriffe von Gewalt und Frieden nach Galtung

haben den Anspruch, dass **Konflikte stets ohne Gewalt gelöst** werden. Außerdem sind sie dem Ideal nach auch durch das **Fehlen struktureller oder verdeckter Gewalt** gekennzeichnet, denn alle Bürgerinnen und Bürger sollen über die **gleichen Chancen** verfügen, am gesellschaftlichen und politischen Leben zu partizipieren.

Vielschichtigkeit des Begriffs „Frieden"

# 2 Gefährdung von Frieden und Sicherheit im 21. Jahrhundert

Nach dem Zerfall des Ostblocks und dem Ende der bipolaren Welt gab es eine Zeitlang die Hoffnung auf eine wesentlich friedlichere Welt, doch hat sich diese Hoffnung bald als Illusion herausgestellt. **Frieden und Sicherheit** sind im 21. Jahrhundert in vielfältiger Weise **bedroht:**

- terroristische Anschläge aufgrund von religiösem oder politischem Fanatismus
- zunehmende Verbreitung von aggressiven Ideologien
- zwischenstaatliche Konflikte
- Konflikte um knapper werdende Rohstoffe
- Bürgerkriege in zerfallenden Staaten
- Verbreitung von Massenvernichtungswaffen und Gefahr ihres Einsatzes
- Wirtschafts- und Finanzkrisen und ihre destabilisierenden Folgen
- ökologische Katastrophen (z. B. Klimawandel, Artensterben, Wasserknappheit) mit ihren Auswirkungen auf die Lebensbedingungen der Menschen
- extrem große soziale Gegensätze infolge der Globalisierung und daraus entstehende Gewaltbereitschaft
- Armut, Hunger und Not in vielen Weltgegenden

# 3 Grundlagen der Politik im internationalen Rahmen

## 3.1 Zentrale Begriffe

| | |
|---|---|
| **Internationale Politik** | Internationale Politik meint den politischen Bereich, in dem Staaten und nichtstaatliche Organisationen mittels Normen und Institutionen Beziehungen zu anderen staatlichen und nichtstaatlichen Akteuren unterhalten. |
| **Internationale Beziehungen** | Mit dem Begriff „Internationale Beziehungen" bezeichnet man allgemein das Verhältnis zwischen Staaten oder auch nichtstaatlichen Akteuren auf verschiedenen Ebenen, z. B. der politischen, wirtschaftlichen oder rechtlichen Ebene. Als Bezeichnung einer Teildisziplin der Politikwissenschaft bezieht sich der Begriff auf die wissenschaftliche Beschäftigung mit den Bereichen Außenpolitik, internationale Systeme und internationale Organisationen. |
| **Außenpolitik** | Außenpolitik beschäftigt sich mit den Beziehungen eines Staates zu anderen Staaten oder internationalen Organisationen. Diese Beziehungen werden durch diplomatische Kontakte, den Abschluss von Verträgen oder die Mitgliedschaft in Bündnissen gestaltet. In der Außenpolitik versucht ein Staat für ihn grundlegende Werte oder Interessen zu vertreten und umzusetzen. |
| **Internationale Organisationen** | Mit diesem Begriff werden auf Dauer angelegte Zusammenschlüsse von mindestens zwei Staaten (oder anderen Völkerrechtssubjekten) verstanden. Internationale Organisationen handeln über nationale Grenzen hinweg und erfüllen überstaatliche Aufgaben. Sie verfügen über mindestens ein Organ, durch das sie handeln. Bekannte Beispiele sind UNO, NATO oder OSZE. |
| **Supranationale Organisationen bzw. Zusammenschlüsse** | Organisationen oder Zusammenschlüsse werden als supranational charakterisiert, wenn sie durch völkerrechtliche Verträge begründet sind und von ihnen getroffene Entscheidungen für die einzelnen Mitglieder verbindlich sind. So sind etwa Entscheidungen der supranationalen Institution Europäischer Gerichtshof für alle EU-Staaten und die Bevölkerung der EU bindend. |
| **Transnationale Organisationen** | Als transnationale Organisationen werden nichtstaatliche Zusammenschlüsse bezeichnet, die in mindestens drei Staaten aktiv sind und Güter produzieren (materiell) oder Dienstleistungen (immateriell) erbringen. Zur Gruppe der Güter produzierenden transnationalen Organisationen sind z. B. global agierende multinationale Konzerne zu zählen, während zur Gruppe der Dienstleistungen erbringenden transnationalen Organisationen etwa Amnesty International, Attac oder Greenpeace zu rechnen sind. |

## 3.2 Handlungsfelder internationaler Politik

Auf einem Gipfeltreffen der Vereinten Nationen im September 2000 umrissen Staats- und Regierungschefs aus 189 Staaten **vier große Handlungsfelder der internationalen Politik**, auf denen Verbesserungen angestrebt werden sollten:

- Frieden, Sicherheit und Abrüstung
- Entwicklung und Armutsbekämpfung
- Schutz der gemeinsamen Umwelt
- Menschenrechte, Demokratie und gute Regierungsführung

Auf Basis dieser Handlungsfelder wurden die acht Milleniumsentwicklungsziele festgelegt.

Milleniumsentwicklungsziele

Auch wenn es seither Verbesserungen gegeben hat, so stellen diese Handlungsfelder nach wie vor Herausforderungen dar, denen sich die Staatengemeinschaft stellen muss.

### Frieden, Sicherheit und Abrüstung

- In Zeiten der **bipolaren Weltstruktur** (Westen vs. Sowjetunion) lag der Fokus auf Abrüstungsverhandlungen (Vermeidung von Wettrüsten und Atomwaffen), in der Gegenwart ist es vor allem von Bedeutung, dass **Terrororganisationen** keine **Verfügungsgewalt** über **Massenvernichtungswaffen** erlangen.

- Seit etlichen Jahren kommen mehr Menschen in **innerstaatlichen** bzw. in **asymmetrischen Kriegen** und **Konflikten** ums Leben als in Kriegen zwischen Staaten. Der **Schutz des Lebens** von Menschen rückt ins Zentrum der Anstrengung der internationalen Staatengemeinschaft *(responsibility to protect)*.
- Auch eine **Zunahme wirtschaftlich motivierter Gewaltanwendung** ist zu beobachten. Häufig agieren vor allem in fragilen Staaten „**Warlords**", die nicht primär aus ideologischen Gründen Gewalt anwenden und Herrschaft ausüben, sondern die in erster Linie **ökonomische Vorteile** aus der Machtausübung ziehen wollen.

### Entwicklung und Armutsbekämpfung

- Durch den technologischen Fortschritt ist der **Wohlstand** auf der Welt zwar gestiegen, aber immer noch **extrem ungleich verteilt**.
- Einige Staaten haben in Zeiten der Globalisierung immense Fortschritte gemacht (z. B. Indien). Allerdings gibt es Regionen in Afrika (z. B. südlich der Sahara) oder in Asien (z. B. Syrien, Afghanistan), in denen die Menschen aufgrund von **Kriegen** oder von **korrupten Regierungen** extreme Not leiden (Folge: Flucht).

### Schutz der gemeinsamen Umwelt

- Die „**Fridays-for-Future**"-Bewegung hat vor Augen geführt, was eigentlich schon längst bekannt war, dass nämlich durch die Ausbeutung der Natur und durch unverantwortliches Wirtschaften **Schädigungen der Umwelt** wie **Klimaerwärmung**, **Abbau der Ozonschicht** oder der **Anstieg der Meeresspiegel** bewirkt werden, welche die **Existenz des Lebens auf der Erde gefährden**.
- Internationale Klimakonferenzen zeigen, dass das Problem erkannt worden ist, doch gibt es bisher noch keine entscheidenden Durchbrüche, um die Umweltverschmutzung zu stoppen. Da die globalisierte Wirtschaft einen extrem großen Bedarf an Rohstoffen hat, gleichzeitig aber viele **Rohstoffe knapp** sind (z. B. Kobalt, Coltan, Kupfer) bzw. sich ihre Förderung dem Ende zuneigt (z. B. Öl), wird der **Kampf um den Zugang** immer härter und stellt eine Bedrohung für den internationalen Frieden dar.

## Menschenrechte, Demokratie und gute Regierungsführung

• Die Hoffnung, dass mit dem technischen Fortschritt eine **Verbreitung von Demokratie und Menschenrechten** einhergeht, hat sich **bisher noch nicht erfüllt**. Zudem hat weder der Kollaps des Ostblocks zu einer flächendeckenden Herrschaft der Demokratie in den Nachfolgestaaten der Sowjetunion geführt noch war die demokratische Reformierung autoritärer Regime im arabischen Raum als Folge des arabischen Frühlings zu verzeichnen.

• In den letzten Jahren ist auch das Problem der „**gescheiterten Staaten**" *(failed states)* bzw. „**zerbrechlichen Staaten**" *(fragile states)* deutlich geworden. Dies sind Staaten, in denen die Regierung die Sicherheit der Bürger nicht mehr gewährleistet und in denen sie ihrer Verantwortung für das Wohl der Menschen nicht gerecht wird. Die Ursachen für diesen Zustand können unterschiedlich sein (z. B. Bürgerkriege, korrupte Eliten).

## 3.3 Erweiterter bzw. umfassender Sicherheitsbegriff

Der **traditionelle Sicherheitsbegriff** zu Zeiten des Ost-West-Gegensatzes bezog sich in erster Linie auf den **militärischen Bereich** und beschäftigte sich mit der Verhinderung von Kriegen. Maßnahmen, die diesem Ziel dienen sollten, waren z. B. Rüstungsanstrengungen, um einen potenziellen Gegner von einer Aggression abzuhalten, oder Verträge, um Abrüstung zu ermöglichen und Vertrauen zu schaffen. Ab den 1980er-Jahren ist eine **Veränderung** der **Vorstellung von Sicherheit** zu beobachten. Es setzte sich nämlich die Auffassung durch, dass Sicherheit primär nicht mit militärischen Mitteln erreicht werden kann, sondern angesichts zahlreicher globaler Herausforderungen (Kluft zwischen Arm und Reich, Klimawandel, Terrorismus und Kriminalität, Migration etc.) andere Antworten gefunden werden müssen. Nach dem **umfassenden Sicherheitsbegriff** werden **militärische und zivile Mittel** zur Gewährleistung von Sicherheit als **gleichberechtigt** und miteinander verbunden betrachtet und es wird ein **mehrdimensionaler Ansatz** befürwortet. Für Sicherheit spielen diesem neuen Konzept zufolge neben militärischen auch **gesellschaftliche**, **wirtschaftliche**,

**ökologische und kulturelle Faktoren** eine **entscheidende Rolle**, so-dass Sicherheit nur im Rahmen einer **vernetzten, internationalen Kooperation** erreicht werden kann.

Der erweiterte Sicherheitsbegriff hat drei zentrale Dimensionen:

- **Umfassende Sicherheit:** Da Konfliktursachen sehr unterschiedlich sind, bedarf die moderne Sicherheitspolitik eines umfassenden Spektrums an Mitteln zur Wiederherstellung und Gewährleistung von Frieden und Stabilität, wobei **militärische Mittel** gar **nicht mehr im Vordergrund** stehen.

- **Gemeinsame Sicherheit:** Auch starke Staaten können **nicht mehr alleine** Frieden, Sicherheit und eine günstige wirtschaftliche Ent-wicklung garantieren. Vielmehr sind **Integration und Kooperation** mit anderen Staaten und Verbündeten sowie das Zusammenarbeiten in internationalen Organisationen unabdingbar für eine umfassende und wirksame Politik zur Sicherung von Frieden und Wohlstand.

- **Präventive Sicherheit:** Weil Konflikte immenses Leid für die Be-völkerung mit sich bringen und sie sich auch ganz leicht ausweiten, muss es oberstes Ziel der Politik sein, **Gewalt zu verhindern.** Falls der Ausbruch der Gewalt jedoch nicht verhindert werden kann, muss das Augenmerk darauf liegen, **Gewaltanwendungen mög-lichst schnell zu beenden,** ihr Wiederaufflammen durch *post conflict peace building* zu bannen und eine **stabile Ordnung** zu schaffen.

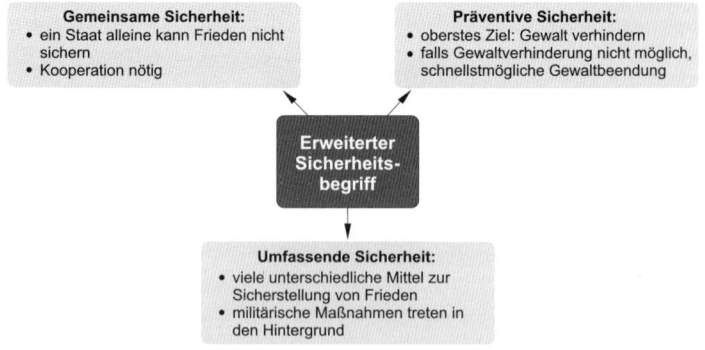

Gemeinsame Sicherheit:
- ein Staat alleine kann Frieden nicht sichern
- Kooperation nötig

Präventive Sicherheit:
- oberstes Ziel: Gewalt verhindern
- falls Gewaltverhinderung nicht möglich, schnellstmögliche Gewaltbeendung

Erweiterter Sicherheits-begriff

Umfassende Sicherheit:
- viele unterschiedliche Mittel zur Sicherstellung von Frieden
- militärische Maßnahmen treten in den Hintergrund

# 4 Internationale Organisationen der kollektiven Friedenssicherung

## 4.1 UNO

### Ziele und Grundsätze der UNO

Die **Charta der Vereinten Nationen** wurde am **26. Juni 1945** in San Francisco unterzeichnet und trat am 24. Oktober 1945 nach der Ratifikation in Kraft. Bei der Gründung waren 51 Staaten Mitglied der Vereinten Nationen (2020: 193 Staaten). Die **UNO** stellt eine **Organisation souveräner Staaten** dar. Das grundlegende Motiv für ihre Gründung lag darin, nach der Erfahrung der beiden Weltkriege den Krieg als Mittel der Politik zu ächten und das internationale System so zu gestalten, dass dauerhafte Sicherheit erreicht würde.

Es lassen sich **vier wesentliche Ziele** der Vereinten Nationen unterscheiden:

- **Wahrung** des **Friedens** und der **internationalen Sicherheit**
- **Entwicklung freundschaftlicher Beziehungen** zwischen Staaten
- **Verbesserung der Lebensbedingungen** der Menschen (v. a. Bekämpfung von Hunger, Armut und Krankheiten) und Einsatz für die Wahrung der grundlegenden Rechte und Freiheiten der Menschen
- Zentrum zu sein für die **Abstimmung der Bemühungen der Staaten** zur Erreichung dieser Ziele

Mitgliedsstaaten müssen folgende **Grundsätze** akzeptieren:

- Gleichberechtigung der Mitgliedsstaaten
- Respektierung der Souveränität der Mitgliedsstaaten, keine Einmischung in die inneren Angelegenheiten anderer Staaten
- Verbot der Androhung oder Anwendung von Gewalt
- Achtung der Menschenrechte und Grundfreiheiten
- Unterstützung von Maßnahmen der UNO

**Organe der UNO**

Die Vereinten Nationen besitzen **fünf Hauptorgane:**

- **Generalversammlung:** In ihr sind Repräsentanten der Regierungen aller Mitgliedsstaaten vertreten. **Jeder Staat** verfügt – unabhängig von seiner Größe und seiner Einwohnerzahl – über **eine Stimme.**
  Die Generalversammlung hat folgende Kompetenzen:
  – Entscheidung über die Zusammensetzung anderer Hauptorgane
  – Kontrolle über Haushalt
  – Erörterung wichtiger Angelegenheiten in Bezug auf UN-Charta
  – Empfehlungen an den Sicherheitsrat
  – Einsetzung von Nebenorganen zur Wahrnehmung spezieller Tätigkeiten (z. B. zur Durchführung von Entwicklungsprogrammen)

- **Sicherheitsrat:** Er besteht aus **15 Mitgliedern**, von denen **fünf** (USA, China, Russland, Großbritannien und Frankreich) einen **ständigen Sitz** haben und **zehn** von der Generalversammlung (mit Zweidrittelmehrheit) **für zwei Jahre gewählt** werden. **Beschlüsse des Sicherheitsrates** bedürfen der **Zustimmung von mindestens neun Mitgliedern** (Ausnahme: Verfahrensfragen) und sind für alle UN-Mitgliedsstaaten **verbindlich.** Die **Staaten mit einem ständigen Sitz** haben ein **Vetorecht**, was ihnen ein besonderes politisches Gewicht verleiht. Dem Sicherheitsrat obliegt die Verantwortung für die **Wahrung des Weltfriedens** und die **internationale Sicherheit.**

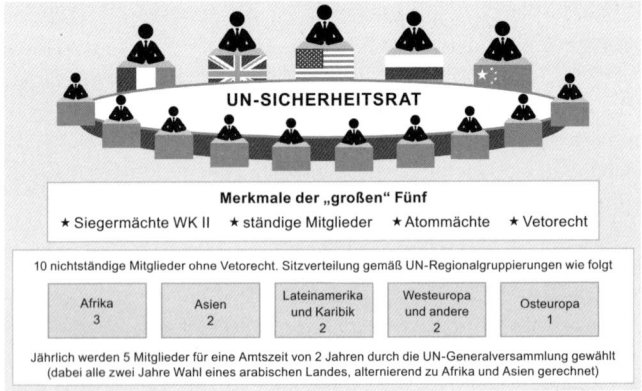

UN-Sicherheitsrat

- **Wirtschafts- und Sozialrat:** Er setzt sich aus 54 Mitgliedern zusammen, von denen immer ein Drittel jedes Jahr von der Generalversammlung für eine dreijährige Amtszeit gewählt wird.

- **Internationaler Gerichtshof:** Er besteht aus **15 unabhängigen Richtern** aus verschiedenen Staaten, die in getrennten Wahlgängen von Generalversammlung und Sicherheitsrat auf neun Jahre gewählt werden. Sein **Sitz** ist in **Den Haag** (Niederlande). Der Internationale Gerichtshof **entscheidet Rechtsstreitigkeiten** zwischen Mitgliedsstaaten, aber er kann nur tätig werden, wenn die Staaten seine Zuständigkeit anerkannt haben.

- **Sekretariat der Vereinten Nationen:** Der **Generalsekretär** der Vereinten Nationen (seit 2016 António Guterres, Portugal) ist der höchste Verwaltungsbeamte der UNO und wird **von der Generalversammlung auf Vorschlag des Sicherheitsrats** für eine **Amtszeit** von **fünf Jahren** gewählt. Eine **einmalige Wiederwahl ist möglich.** Der Generalsekretär erstattet alljährlich der Generalversammlung einen Bericht über

António Guterres

die Tätigkeiten der Vereinten Nationen und kann **Entwicklungen und Ereignisse ansprechen** und dem Sicherheitsrat vorlegen, die nach seiner Auffassung den **Weltfrieden und die internationale Sicherheit gefährden.** Außerdem ist er bei friedenserhaltenden Einsätzen der UNO („Blauhelme") **für die Friedensoperation verantwortlich.** Das UNO-Hauptquartier befindet sich in New York. Es gibt zudem wichtige UNO-Büros auf der ganzen Welt, z. B. in Genf und Nairobi.

Neben den Hauptorganen besitzt die UNO noch wichtige **Sonderorganisationen**, wie z. B. das Kinderhilfswerk UNICEF.

### Reformbestrebungen

Zwischen der Vielfalt der von den Vereinten Nationen zu erfüllenden Aufgaben auf der einen und der Struktur der Organisation auf der anderen Seite besteht ein Ungleichgewicht. Vor allem in drei Bereichen wird **Reformbedarf** diskutiert:

- Der **Sicherheitsrat** spiegelt in seiner Zusammensetzung die Machtverhältnisse unmittelbar nach Ende des Zweiten Weltkriegs wider. Der Kreis der ständigen Mitglieder entspricht aber **nicht mehr den weltpolitischen Realitäten der Gegenwart**. Staaten wie Japan oder Deutschland fordern z. B. wegen ihrer Wirtschaftskraft und ein Staat wie Indien aufgrund seiner Bevölkerungszahl einen ständigen Sitz im Sicherheitsrat. Auch ist der afrikanische Kontinent überhaupt nicht im Kreis der ständigen Mitglieder vertreten. Allerdings bedürfte es zu einer Änderung der Charta einer Zweidrittelmehrheit in der Generalversammlung sowie einer Zustimmung aller ständigen Mitglieder, sodass eine **Reform**, so **wünschenswert** sie auch wäre, völlig **unrealistisch** erscheint.

- **UN-Einsätze zur Friedenssicherung** und zur Erzwingung des Friedens sind wichtig, doch hat es in der Vergangenheit aufgrund von Unsicherheiten bezüglich der genauen Aufgaben und einer unzureichender Ausrüstung **spektakuläre Fehlschläge** gegeben (z. B. das Massaker an bosnischen Muslimen in Srebrenica 1995). Deswegen hat der Sicherheitsrat es inzwischen erlaubt, dass zur Verteidigung des UN-Mandats auch militärische Gewalt angewandt wird („**robuste Mandate**"). *Peacekeeping*-Einsätze der UNO hatten oft die Aufgabe, zwischen Konfliktparteien ausgehandelte Waffenstillstandsabkommen zu überwachen. Durch die Zunahme der innerstaatlichen Konflikte wurde aber deutlich, dass die bloße Anwesenheit von UN-Blauhelmen nicht ausreicht, sondern dass auch zivile Maßnahmen erforderlich sind (z. B. Rückführung/Reintegration von Flüchtlingen, Aufbau demokratischer Einrichtungen etc.).

- Die **Aufgaben der UNO** werden durch **Pflichtbeiträge ihrer Mitglieder** finanziert. Die Beiträge müssen eigentlich termingemäß und in einem Betrag gezahlt werden. Allerdings leidet die UNO an **chronischer Unterfinanzierung**, weil manche Mitgliedsstaaten ihre Beiträge nicht bezahlen oder die Zahlung zurückhalten. Auch übersteigen die Ausgaben aufgrund ihres vielfältigen Engagements die Einnahmen. Es gab zwar schon Überlegungen zu einer Art „Weltsteuer" zugunsten der UNO, z. B. durch Besteuerung von internationalen Währungstransaktionen, doch gibt es auf politischer Ebene hierfür momentan keine Realisierungschance.

## Kontroverse Einschätzung der Bedeutung der UNO

### Argumente der Befürworter

- Hilfe für viele Menschen in Not durch **UN-Hilfsprogramme**
- große **moralische Autorität** der UNO
- **Vorhandenseins eines globalen Forums,** wo **Probleme angesprochen** und diskutiert werden können
- Ermöglichung von **Kontakten auf vielen Ebenen** und dadurch Verbesserung des Verständnisses zwischen Staaten
- **effektive Zusammenarbeit mit anderen internationalen bzw. regionalen Organisationen** zum Erhalt und zur Sicherung des Friedens

### Argumente der Kritiker

- **Krisenbekämpfung** bzw. Problemlösung **zunehmend durch Koalitionen besonders interessierter Staaten** *(coalitions of the willling)*
- **Sicherheitsrat** durch die Veto-Regelung in wichtigen Fragen **handlungsunfähig**
- **Ermangelung** einer **adäquaten Finanzausstattung**
- Abhängigkeit von Mitgliedsstaaten bei Bereitstellung von Truppen, **Fehlen eigener Streitkräfte**
- **Zunahme nationaler Egoismen**

## Vorstellbare Szenarien zur künftigen Rolle der UNO

- **Gefährdung/Untergang der UNO:** Nach dieser pessimistischen Sicht hat die UNO keine Zukunft mehr, weil sie keinen Beitrag zur Lösung drängender gegenwärtiger Probleme leisten kann. Die UNO muss sich gemäß dieser Sichtweise nicht unbedingt auflösen, doch spielt sie als weltpolitischer Akteur keine große Rolle mehr.

- **Erweiterung der Kompetenzen und Entwicklung zu einer Art „Weltregierung":** Die Mitgliedsstaaten kommen überein, der UNO immer mehr Koordinations- und Sanktionskompetenzen zukommen zu lassen. Auf verschiedenen Ebenen (Sicherheit, Wirtschaft, Umwelt, Recht etc.) würde die UNO zu einer Art Zentrum einer globalen Strukturpolitik. Momentan spricht aber kaum etwas für die Verwirklichung dieses Szenarios.

- **Beibehaltung des Status Quo:** Es geht im Großen und Ganzen so weiter wie bisher.

## 4.2 NATO

### Geschichte und Struktur der NATO

Die **NATO** wurde im April **1949** von den **USA, Kanada** und **zehn europäischen Staaten gegründet**. Durch die Mitgliedschaft in der NATO hatten die Vereinigten Staaten den bis dahin ihre Außenpolitik bestimmenden Grundsatz aufgegeben, sich nicht in europäische Angelegenheiten einzumischen und sich in keinem kollektiven Bündnissystem zu engagieren. Die **Bundesrepublik Deutschland** trat dem Verteidigungsbündnis nach der Unterzeichnung der **Pariser Verträge** im Jahr **1955** bei. Die NATO wurde als **Reaktion auf die Ausdehnung der sowjetischen Machtsphäre** nach dem Ende des Zweiten Weltkriegs gegründet. Das Bündnis umfasst gegenwärtig (2020) **29 Staaten**. Zuletzt traten ihm Montenegro (2017) und Nordmazedonien (2020) bei.

Nach ihrem Selbstverständnis ist die NATO nicht nur eine **Verteidigungsgemeinschaft**, sondern sie versteht sich vor allem als **Wertegemeinschaft**. Alle Mitglieder der NATO verpflichten sich nämlich zur Gestaltung bzw. Bewahrung einer inneren Ordnung, die auf Demokratie, Freiheit und der Herrschaft des Rechts basiert.

Der **Nordatlantikrat** ist das **höchste Entscheidungsgremium der NATO**. Er setzt sich aus den Vertretern der Mitgliedsstaaten zusammen. Die **Entscheidungen** müssen **einstimmig** getroffen werden. Vom Nordatlantikrat wird der **Generalsekretär** gewählt, der das **Bündnis nach außen vertritt** und Verhandlungen mit anderen Staaten führt. Auch fällt in seinen Aufgabenbereich, bei Meinungsverschiedenheiten und Konflikten zwischen Mitgliedsstaaten zu vermitteln. Das **NATO-Hauptquartier** befindet sich in **Brüssel** (Belgien). Neben dem Nordatlantikrat gibt es noch weitere wichtige Gremien der NATO:

- die **Nukleare Planungsgruppe:** Gremium zur Beratung aller Fragen, die mit Nuklearwaffen zu tun haben

- der **Militärausschuss:** höchstes militärisches Entscheidungs- und Beratungsorgan innerhalb des Bündnisses

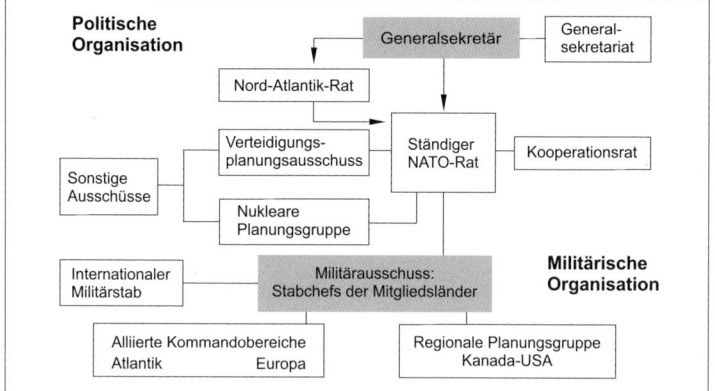

Aufbau der Nato

## Kernelemente des NATO-Vertrags sind:

- das **Solidaritätsprinzip:** Ein Angriff auf einen Mitgliedsstaat wird als Angriff auf alle aufgefasst.

- das **Gleichheitsprinzip:** Unabhängig von seiner Größe und seinen militärischen Möglichkeiten hat jeder Mitgliedsstaat eine Stimme.

- das **Konsensprinzip:** Aufgrund der Notwendigkeit der Einstimmigkeit der Beschlüsse verfügt jeder Mitgliedsstaat faktisch über ein Vetorecht.

## Strategische Ausrichtung der NATO angesichts neuer sicherheitspolitischer Herausforderungen

Bis zum Ende des Kalten Krieges stellte die NATO ein reines Verteidigungsbündnis dar. Wenn ein Mitgliedsstaat angegriffen worden wäre, wäre das vom Bündnis als ein Angriff gegen alle aufgefasst worden. Nach dem Zusammenbruch des Ostblocks und der Auflösung der Sowjetunion **veränderte sich** die **Gefahrensituation** jedoch grundlegend, weil der alte Gegner nicht mehr vorhanden war. Es wurde aber bald deutlich, dass Frieden und Sicherheit durch neue Entwicklungen wie etwa den **internationalen Terrorismus** und das Aufkommen **fundamentalistischer Bewegungen** bedroht sind. In den

1990er-Jahren entschieden sich die NATO-Staaten deshalb für eine **neue strategische Ausrichtung:**

- Entschluss, dass die NATO auch dann eingreifen kann, wenn kein Mitgliedsstaat angegriffen wird, aber die Sicherheit z. B. durch Bürgerkriege oder massive Menschenrechtsverletzungen bedroht ist *(Einsätze out of defence)*

- Entschluss, dass die Einsätze der NATO sich nicht mehr auf das Staatsgebiet der NATO-Mitglieder beschränken müssen, sondern das Bündnis weltweit (etwa im Auftrag der Vereinten Nationen) agieren kann *(Einsätze out of area)*

Das momentan noch gültige **NATO-Konzept** (Strategie) stammt aus dem Jahr **2010**. Unter dem Titel „**Aktives Engagement. Moderne Verteidigung**" beschloss die NATO in Lissabon eine Strategie, um den neuen Bedrohungen in einer sich wandelnden Welt gerecht zu werden. Das Konzept weist drei zentrale Inhalte auf:

- **kollektive Verteidigung:** Die Fähigkeit zur **Abschreckung** und zur **Verteidigung** stellt nach wie vor das Kernelement der NATO-Strategie dar. Durch das Verfügen über konventionelle und nukleare Waffen soll das Bündnis dazu befähigt werden, potenzielle Gegner abzuschrecken oder aber, im Falle eines Angriffs auf das Vertragsgebiet, zurückzuschlagen. Die NATO soll aber auch in der Lage sein, sich gegen chemische, biologische und radiologische Angriffen sowie Cyberattacken zu verteidigen. Außerdem soll der Schutz von wichtiger Energieinfrastruktur gewährleistet sein.

- **Krisenmanagement:** Aus der Erfahrung heraus, dass auch **Krisen und Konflikte außerhalb des Bündnisgebiets** die Sicherheit der Allianz bedrohen können, soll sich die NATO auch dort engagieren.

- **Kooperative Sicherheit:** Es wird betont, dass die Notwendigkeit eines **umfassenden Ansatzes der Sicherheitspolitik** *(comprehensive approach)* bestehe und dass es ein **Zusammenwirken von zivilen und militärischen Instrumenten** geben müsse. Indem die NATO mit Akteuren wie den Vereinten Nationen, der Europäischen Union, einzelnen Staaten oder auch mit Nichtregierungsorganisationen zusammenarbeitet, soll ein vernetzter Sicherheitsansatz gefördert werden. Die NATO begreift sich nicht nur als Verteidigungsbündnis, sondern auch als eine **Plattform für Sicherheitszusammenarbeit**, sodass die Kooperation mit Staaten und Organisationen, die nicht der NATO angehören, an Bedeutung gewinnt.

## Partnerschaften und Kooperationen

Im Sinne des kooperativen Sicherheitskonzepts hat die NATO eine Reihe von Partnerschaften und Kooperationen ins Leben gerufen. Beispiele dafür sind:

**NATO-Russland Rat:**
- **Gründung:** 2002
- **Ziel:** Bestreben der Nato, mit Russland als dem wichtigsten Nachfolgestaat der ehemaligen Sowjetunion in einen sicherheitspolitischen Dialog zu kommen und dadurch Vertrauen zu gewinnen
- **Problem:** Zeitweise Aussetzung der Zusammenarbeit wegen russischem Vorgehen (Militäraktion gegen Georgien, 2008; Annexion der Krim, 2014)

**Mittelmeerdialog:**
- **Gründung:** 1994
- **Ziel:** Zusammenarbeit zwischen der NATO und Staaten des Mittelmeerraumes, die nicht Mitglied der NATO sind, zur Vertiefung des gegenseitigen Verständnisses und Vertrauens, um Sicherheit und Stabilität zu fördern
- **Gründungsstaaten:** NATO sowie Ägypten, Israel, Mauretanien, Marokko und Tunesien
- **Problem:** Libyen, ein für die Stabilität in diesem Raum wichtiger Staat, ist nicht Mitglied des Mittelmeerdialogs

**Beispiele für Partnerschaften und Kooperationen**

**Partnerschaft für den Frieden (engl. *Partnership for Peace* PfP):**
- **Gründung:** 1994
- **Ziele:** Abhalten gemeinsamer Manöver; Orientierung an NATO-Standards bei der Beschaffung von militärischem Gerät durch die Staaten, die an der Kooperation mit der NATO interessiert sind
- **Mitglieder:** NATO sowie 20 europäische und asiatische Staaten
- **Problem:** recht lose Einbindung der Mitgliedsstaaten; Beistandspflicht nur NATO-Mitgliedern vorbehalten

## Herausforderungen für die NATO in der Gegenwart

### Finanzierung

**Problematik:**

- V. a. die USA fordern ein stärkeres Engagement der europäischen Nato-Mitgliedsstaaten für die gemeinsame Sicherheit.
- Die getroffene Absprache, dass die Mitgliedsstaaten zwei Prozent des Bruttoinlandprodukts für das Militär ausgeben sollen (bis 2024), wurde bisher nur von wenigen Staaten (USA, Großbritannien, Griechenland, Estland) erreicht. Deutschland ist von diesem Ziel noch weit entfernt (2017 ca. 1,24 %).
- Die USA drängen in den letzten Jahren vehement auf eine Umsetzung der zugesagten Zielvereinbarung.
- Allerdings gibt es Differenzen hinsichtlich der Frage der Gewichtung der Ausgaben. So verweist die Bundesregierung etwa darauf, dass ihre Ausgaben für Entwicklungshilfe auch dem Frieden und der Sicherheit zugutekommen würden.

### Spannungen mit Russland

**Problematik:**

- Durch den Krieg Russlands mit Georgien (2008), die Annexion der ukrainischen Halbinsel Krim durch Russland (2014) und dessen militärische Unterstützung der Separatisten in der Ostukraine ist das Verhältnis der NATO zu Russland äußerst angespannt.
- Außerdem hat die Einmischung Russlands in den amerikanischen Wahlkampf 2016 die Bereitschaft des Kremls zur Einflussnahme auf die inneren Ordnungen westlicher Staaten gezeigt.
- Die Einmischung Russlands in den Syrienkonflikt ist ein weiteres Indiz für die imperialen Tendenzen in der Außenpolitik Russlands.

### fehlendes Konzept für den Südrand des NATO-Gebiets

**Problematik:**

- Am Südrand des NATO-Gebiets, also im Nahen Osten und in Nordafrika, ist die Situation äußerst instabil (z. B. Bürgerkrieg in Syrien und Libyen)
- Durch die Migrantenströme aus dem Nahen Osten und aus Nordafrika fühlen sich viele NATO-Mitgliedsstaaten bedroht. Die NATO hat bisher aber noch keine wirksame Strategie für eine Stabilisierung und Befriedung des Raumes.

### schwieriges Verhältnis mit der Türkei

**Problematik:**

- Die Türkei ist ein äußerst wichtiges NATO-Mitglied (zweitgrößte Armee; Funktion als Brücke zum Nahen Osten).
- Seitdem Recep Tayyip Erdoğan die politische Macht in der Türkei ausübt, ist die Türkei immer stärker auf dem Weg zu einer Autokratie.
- Für die NATO stellt es eine immense Herausforderung dar, die Beziehungen zum Mitgliedsstaat Türkei wieder zu verbessern, ohne eigene Ideale aufzugeben.

---

**Problem der Konsensfindung**

**Problematik:**

- Inzwischen hat die NATO 29 Mitgliedsstaaten (12 bei ihrer Gründung), was die Übereinstimmung in wichtigen politischen Fragen immer schwieriger macht.
- Die Interessen innerhalb des Bündnisses sind äußerst unterschiedlich. Während etwa die östlichen Mitgliedsstaaten gegenüber der russischen Machtpolitik große Befürchtungen hegen, stellt sich die Situation z. B. für Portugal und Spanien ganz anders dar.
- Durch die Haltung einiger Mitgliedsstaaten, nationalstaatliche Interessen sehr stark in den Vordergrund zu rücken, wird das Finden von Kompromissen komplizierter (z. B. Entscheidung Präsident Trumps, aus finanziellen Erwägungen US-Truppen aus Europa abzuziehen)

---

## NATO: Pro und Kontra

Seit der Auflösung des Warschauer Pakts und dem Ende der bipolaren Welt gibt es eine Diskussion, ob die NATO überhaupt noch eine Daseinsberechtigung habe. Die Befürworter der NATO sind der Auffassung, dass sie eine **wichtige Rolle für die Bewahrung des Friedens** spielt, während die Kritiker sie als **Relikt aus einer vergangenen Epoche** betrachten.

| Argumente pro NATO | Argumente kontra NATO |
|---|---|
| • Schutzgarantie für Mitglieder, besonders für die durch die Machtpolitik Russlands verunsicherten osteuropäischen Staaten<br>• Forum für Diskussion wichtiger sicherheitspolitischer Fragen<br>• große Bedeutung für enge transatlantische Beziehungen<br>• Beitrag zu kooperativer Sicherheit durch vielfältige Partnerschaften<br>• Bedeutsamkeit der NATO als Wertegemeinschaft: Stärkung der freiheitlichen Demokratie<br>• Entwicklung von Vertrauen und Verständnis im Bündnis durch Kommunikation und Abstimmung, strukturelle Nichtangriffsfähigkeit innerhalb des Bündnisses | • Notwendigkeit kollektiver Verteidigung als ursprünglicher Zweck nicht mehr gegeben<br>• ständige Vergrößerung des Vertragsgebiets seit den 1990er-Jahren: von Russland als Bedrohung wahrgenommen<br>• völlig unterschiedliche Interessen zwischen den USA und den meisten europäischen NATO-Staaten<br>• hohe Militärausgaben nicht mehr angemessen<br>• Bündnis zu groß, als dass noch Entscheidungen getroffen werden können<br>• Verteidigungsorganisation alter Art nicht das richtige Format für zukünftige Bedrohungen des Friedens und der Sicherheit wie Cyberwar oder hybride Kriegsführung |

## 4.3 Organisation für Sicherheit und Zusammenarbeit in Europa (OSZE) *(zweistündiger Kurs)

### Entstehung

Die **OSZE** ist die **Nachfolgeorganisation der Konferenz für Sicherheit und Zusammenarbeit in Europa** (KSZE), die von 1973 bis 1975 in Helsinki (Finnland) tagte und die erste gesamteuropäische Konferenz (unter Einschluss der USA und Kanada) nach dem Zweiten Weltkrieg war. Am 1. August 1975 wurde als Abschlussdokument die Schlussakte von Helsinki unterzeichnet, welche „**drei Körbe**" aufwies und Verpflichtungen der Unterzeichnerstaaten für die Fragen **Sicherheit in Europa** (Korb 1), **Zusammenarbeit in Wirtschaft, Wissenschaft, Technik und Umwelt** (Korb 2) sowie **Zusammenarbeit in humanitären und anderen Bereichen** (Korb 3) enthielt.

Die Schlussakte von Helsinki war kein völkerrechtlich bindender Vertrag, sondern eine politische Absichtserklärung. Zur Sicherheit in Europa wurden **zehn Prinzipien** aufgestellt (**Zehn Gebote von Helsinki**), die den Umgang der Staaten miteinander und mit ihren Bürgern regeln und den Frieden in Europa garantieren sollten. Zu den Prinzipien gehörten u. a. die Anerkennung der souveränen Gleichheit der Mitgliedsstaaten, das Selbstbestimmungsrecht der Völker, die Nichteinmischung in innere Angelegenheiten und die universelle Bedeutung der Menschenrechte und Grundfreiheiten.

In den Folgejahren gab es eine ganze Reihe von Nachfolgetreffen, bei denen die Umsetzung der Vereinbarungen überprüft werden sollte. Angesichts des Endes der Ost-West-Konfrontation und des vor sich gehenden epochalen Wandels wurde die KSZE nun mit **festen Strukturen** ausgestattet (Institutionen, Sekretariat), um einen Beitrag zur Gestaltung des Veränderungsprozesses leisten zu können. Sie wurde im Jahr **1994** in **Organisation für Sicherheit und Zusammenarbeit in Europa** (OSZE) umbenannt, was ihre **Dauerhaftigkeit** verdeutlichte.

### Struktur

**57 Staaten** sind **Mitglieder der OSZE**, darunter (mit Ausnahme des Kosovo) alle Staaten Europas und Eurasiens, Staaten im zentralasiatischen Raum sowie die USA und Kanada. Elf Staaten im Mittelmeerraum und in Asien sind Kooperationspartner, zu denen die OSZE privilegierte Beziehungen unterhält. Im Unterschied zu anderen internationalen Organisationen liegt der OSZE **kein völkerrechtlicher Vertrag** zugrunde, in dem die Rechte und Pflichten der Mitgliedstaaten und ihre Beziehungen zur Organisation geregelt sind. Trotzdem besitzt sie eine institutionelle Struktur, die eine effektive Arbeit ermöglicht.

## Umfassender Sicherheitsansatz

Die OSZE verfolgt einen **umfassenden Sicherheitsansatz** mit **drei Dimensionen**, die sich inhaltlich auf die drei „Körbe" der Schlussakte von Helsinki beziehen:

- **politisch-militärische Dimension**, z. B. Erstellung eines Regelwerks für Rüstungskontrolle und vertrauensbildende Maßnahmen

- **Wirtschafts- und Umweltdimension**, z. B. Schaffung von Umweltbewusstsein, Eindämmung von Korruption

- **menschliche Dimension**, z. B. Hilfe beim Aufbau demokratischer Einrichtungen, Achtung der Menschenrechte, Respektierung der Rechte von Minderheiten

Die OSZE befasst sich auch mit **grenzüberschreitenden Sicherheitsbedrohungen**, bei denen die Zusammenarbeit von Staaten notwendig ist, wie z. B.:
- gewalttätiger Extremismus und Terrorismus
- Cyberangriffe
- Waffen- und Menschenhandel
- große Migrationsbewegungen
- Folgen des Klimawandels

## Vorgehensweise der OSZE

Durch folgende Mittel sollen z. B. bei den Einsätzen Frieden und Sicherheit verwirklicht werden:
- Beratung von Regierungen zum Aufbau demokratischer Institutionen
- Beobachtungsmissionen zur Verminderung von Spannungen

- Beobachtung von Wahlen und Einfordern der Einhaltung demokratischer Standards
- Projekte mit Lehrern/Schülern zur Vermittlung demokratischer Werte
- Fortbildungen im Bereich der Medien
- Beiträge zu vertrauensbildenden Maßnahmen zwischen verfeindeten ethnischen Gruppierungen
- Förderung einer professionellen und effektiven Polizeiarbeit

**Vorzüge und Grenzen der OSZE**

| Vorzüge | Grenzen |
|---|---|
| • breites Spektrum der Maßnahmen von Konfliktprävention bis Konfliktnachsorge | • Erschwerung von Entscheidungen durch Konsensverfahren |
| • Einbeziehung aller Staaten, Austausch von unterschiedlichen Sichtweisen auf Probleme | • begrenzte Mittel |
| • nachhaltige zivile Maßnahmen im Sinne eines umfassenden Sicherheitsbegriffs | • geringer Bekanntheitsgrad |

## 4.4 Möglichkeiten und Grenzen von Entwicklungspolitik als Beitrag zur Friedenssicherung *(zweistündiger Kurs)

Auch wenn **Entwicklungspolitik** nicht primär als Instrument der Sicherheitspolitik gesehen werden will, so kann sie doch in verschiedener Hinsicht einen wichtigen **Beitrag zur Prävention von Konflikten und zur Sicherung von Stabilität und Frieden** in Entwicklungsländern leisten:

- **Verbesserung der wirtschaftlichen und sozialen Lage:** Entschärfung von Ursachen für Konflikte zwischen ethnischen und religiösen Gruppen oder sozialen Schichten

- **Förderung effektiver staatlicher Strukturen:** Verbesserung von Sicherheit und Schutz der Bevölkerung – auch von Minderheiten

- **Erhöhung des Bildungsniveaus:** Auswirkungen auf wirtschaftliche Prosperität und auf demografische Entwicklung

- **Vorbeugung der Ausbreitung von Pandemien**
- **Schutz der Umwelt:** Besserung der Lebensbedingungen und Verringerung der Wahrscheinlichkeit von Migration

Allerdings gibt es auch deutliche **Grenzen für die Sicherung von Frieden und Sicherheit** durch Entwicklungspolitik:

- **begrenzte Ausgaben** der Industrieländer für Entwicklungspolitik – Ziel der Aufwendung von 0,7 % des Bruttonationaleinkommens meist nicht erreicht
- Öffnung der Märkte der Industriestaaten für Produkte der Entwicklungsländer **politisch oft nicht durchsetzbar** bzw. nicht gewünscht
- **fragile Staatlichkeit:** Kooperation mit Regierungen der Entwicklungsländer teilweise schwierig
- häufig **korrupte und unfähige Eliten** in den Ländern, die Entwicklungshilfe empfangen
- teilweise **Verschwinden von Geldern** in dunklen Kanälen

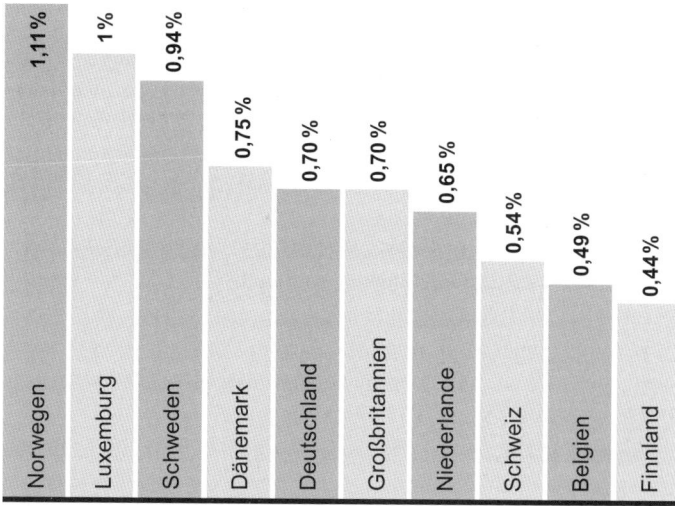

Entwicklungshilfe in Prozent des BNE, Zielwert UN: 0,7 %

# 5 Chancen und Probleme der Sicherheitspolitik der EU

## 5.1 Institutionelle Grundlagen der gemeinsamen europäischen Außen-, Sicherheits- und Verteidigungspolitik

Seit dem Übergang zu einer politischen Union durch den Vertrag von Maastricht wollen die Mitgliedsstaaten eine **gemeinsame Außen- und Sicherheitspolitik** (GASP) entwickeln. Der Grund ist, dass ihr außenpolitisches Gewicht zusammen größer ist, als wenn jeder Staat seine Interessen einzeln vertreten würde. Ende der 1990er-Jahre begannen Überlegungen, die EU in diesem Bereich mit einer militärischen Komponente auszustatten. Seit dem Vertrag von Lissabon im Jahr 2007 spricht man deswegen auch von der **Gemeinsamen Sicherheits- und Verteidigungspolitik** (GSVP).

In dem Vertrag wurde die GASP durch die Einrichtung des Amts des **Hohen Vertreters der Union für Außen- und Sicherheitspolitik** sowie eines **Europäischen Auswärtigen Dienstes** (EAD) mit einer Zentrale in Brüssel und 142 EU-Delegationen in aller Welt gestärkt. Der Hohe Vertreter wird vom Europäischen Rat mit qualifizierter Mehrheit für eine Dauer von fünf Jahren ernannt, der Präsident der Kommission muss der Ernennung zustimmen. Aufgabe des Hohen Vertreters ist die Abstimmung der Außen- und Sicherheitspolitik der Europäischen Union. In **Personalunion** („Doppelhut") übt er auch das **Amt des Außenkommissars** (Vorsitz bei der monatlichen Tagung des Rates „Auswärtige Angelegenheiten") und eines **Vizepräsidenten der Kommission** aus. Zudem nimmt der Hohe Vertreter an der Sitzung des Europäischen Rates teil und berichtet den Staats- und Regierungschefs über auswärtige Angelegenheiten. Der Hohe Vertreter leitet auch die im Jahr 2004 gegründete **Europäische Verteidigungsagentur** (European Defence Agency, EDA), die die Zusammenarbeit der Mitgliedsstaaten im militärischen Bereich koordiniert und Lösungen für die Verbesserungen der Verteidigungsfähigkeit anstrebt. Bis auf Dänemark sind alle Staaten der EU Mitglied der EDA. Das Amt des Hohen Vertreters (umgangssprachlich: EU-Außenminister) wird momentan (seit 2019) von dem Spanier **Josep Borrell** ausgeübt.

Im November 2017 haben sich die meisten EU-Staaten (bis auf Dänemark und Malta) auf eine **dauerhafte strukturierte Zusammenarbeit** geeinigt (engl. *Permanent Structured Cooperation*, PESCO). **Ziel** dieser Vereinbarung ist eine **vertiefte Integration** der gemeinsamen Sicherheits- und Verteidigungspolitik. Diesem übergreifenden Ziel sollen z. B. folgende Bestrebungen dienen:

- Durchführung **gemeinsamer strategischer Rüstungsprojekte**
- engere Zusammenarbeit im Bereich der **Cyberdefence**
- **Angleichung der Waffensysteme/Strategien** der Streitkräfte
- **Abstimmung bei der militärischen Ausbildung**
- Schaffung eines **größeren Wettbewerbs** auf dem europäischen Rüstungsmarkt
- Verpflichtung zur **Erhöhung der Rüstungsausgaben**

PESCO wird nicht als Konkurrenz zur NATO verstanden, sondern als **Ergänzung,** weil ein größeres europäisches Engagement im militärischen Bereich zu einer stärkeren transatlantischen Lastenverteilung beitragen kann.

Die **Europäische Interventionsinitiative (EI2)** wurde im September 2017 vom französischen Staatspräsidenten Macron vorgeschlagen und im Juni 2018 durch die Unterzeichnung einer Absichtserklärung durch neun europäische Staaten in Luxemburg auf den Weg gebracht. Grundgedanke ist, dass Staaten, die bereit sind, ihre **militärischen Fähigkeiten für die europäische Sicherheit** einzusetzen, **enger zusammenarbeiten**, um im Krisenfall schneller handeln zu können.

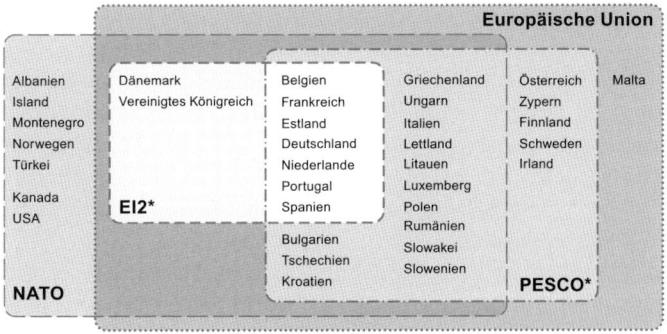

*PESCO (Permanent Structured Cooperation) / *EI2 (Europäische Interventionsinitiative)

Strukturen der Europäischen Verteidigungspolitik (seit 2020 GB nicht mehr Teil der EU)

## Ziele der gemeinsamen Außen- und Sicherheitspolitik

Die Außen- und Sicherheitspolitik der EU hat folgende Ziele:

- **Erhalt des Friedens** und **Stärkung der internationalen Sicherheit**
- **Förderung** der **internationalen Zusammenarbeit**
- **Entwicklung** und **Festigung der Demokratie, Rechtsstaatlichkeit** und der **Achtung der Menschenrechte** und **Grundfreiheiten**

### Mittel von GASP und GSVP

Da die Europäische Union über kein stehendes Heer verfügt, baut ihre Außen- und Sicherheitspolitik auf dem Grundsatz der *soft power* auf, d. h., sie stützt sich vorwiegend auf die Mittel der Diplomatie – Handel und humanitäre Hilfe kommen oftmals ergänzend dazu.

Die EU verfügt aber über **Ad-hoc-Streitkräfte**, die von den EU-Staaten für folgende Einsätze bereitgestellt werden:

- humanitäre Aufgaben und Rettungseinsätze
- militärische Beratung und Unterstützung
- Konfliktverhütung und Friedenserhaltung
- Krisenmanagement, d. h. friedensstiftende Maßnahmen oder Stabilisierung nach Konflikten

Für **Soforteinsätze** kann die EU seit 2007 auf **schnelle Eingreiftruppen** *(EU-Battlegroups)* mit ca. je 1 500 Mann zurückgreifen. Zwei Gefechtsverbände sind jederzeit einsatzbereit.

Eine große Rolle für die EU spielt die **Europäische Nachbarschaftspolitik** (ENP), durch die sie die Beziehungen zu 16 ihrer südlichen und östlichen Nachbarschaftsstaaten stärken will. Die EU möchte mittels der Nachbarschaftspolitik die Verbindungen zu den betreffenden Staaten durch politische und wirtschaftliche Kooperation vertiefen sowie Reisen erleichtern.

Seit 2009 sollen auch die **Beziehungen zu sechs osteuropäischen Nachbarn** (Armenien, Aserbeidschan, Belarus, Georgien, Republik Moldau und Ukraine) intensiviert werden („Östliche Partnerschaft").

## 5.2 Diskussion um die Errichtung einer EU-Armee

Nicht zuletzt wegen der Unsicherheit, wie verlässlich die Vereinigten Staaten in Zukunft zu ihren Bündnisverpflichtungen in der NATO stehen und wie kooperativ sie sich gegenüber der EU verhalten, wird in der letzten Zeit verstärkt die **Frage diskutiert, ob die EU nicht eine eigene Armee schaffen sollte**, um so in der zentralen Sicherheitsfrage größere Eigenständigkeit zu erlangen. In der aktuellen Debatte über die Zweckmäßigkeit des Aufbaus einer eigenen europäischen Armee werden von beiden Seiten sowohl politische als auch organisationstechnische Argumente vorgebracht:

| Argumente für eine EU-Armee | Argumente gegen eine EU-Armee |
|---|---|
| • Schaffung einer gemeinsamen Armee als logisches Ergebnis des Gedankens der europäischen Integration | • der für die gemeinsamen Streitkräfte notwendige Grad an politischer Integration noch nicht erreicht |
| • eigene Armee fast zwangsläufig Ergebnis des Prozesses der Bündelung und Teilung *(pooling and sharing)* der militärischen Möglichkeiten der einzelnen Streitkräfte | • bei Weiterexistenz nationaler Streitkräfte Gefahr kostspieliger Dopplungen |
| • effizientere Verwendung der europäischen Verteidigungsausgaben | • mit der NATO bereits Existenz eines funktionierenden und erfolgreichen westlichen Militärbündnisses |
| • größerer politischer Einfluss der EU als Folge militärischer Macht durch eigene Streitkräfte | • im Rahmen der NATO auch Einsatz von ausschließlich EU-Staaten möglich |
| • Kompatibilität mit Strukturen der NATO | • bisher gut funktionierende Arbeitsteilung zwischen dem militärischen Akteur NATO und dem sicherheitspolitischen, aber nicht militärischen Akteur EU |
| • Beitrag zur transatlantischen Lastenteilung *(burden sharing)* | • Krisenintervention in Zukunft nicht durch große Organisationen wie NATO oder EU zu erwarten, sondern eher von Koalitionen interessierter Staaten *(coalitions oft the willing)* |

## 5.3 Grenzen der gemeinsamen Außen- und Sicherheitspolitik

Es gibt für das Durchführen einer gemeinsamen Außen- und Sicherheitspolitik auch Grenzen:

- Die meisten Entscheidungen in der Außen- und Sicherheitspolitik erfordern die **Zustimmung aller Mitgliedsstaaten der EU**. Gerade im Bereich der Verteidigungs- und Sicherheitspolitik pochen die Mitgliedsstaaten aber auf ihre Souveränität.

- Die EU verfügt bisher über **keine eigene Armee**.

- Die **machtpolitischen Unterschiede** zwischen den Staaten sind **sehr groß** (auf der einen Seite z. B. Frankreich als Macht mit Verfügungsgewalt über Atomwaffen und ständigem Sitz im Sicherheitsrat der UNO und auf der anderen Seite kleine Staaten wie etwa Malta oder Luxemburg).

- Die **außenpolitischen Traditionen und Interessen** der verschiedenen Mitgliedsstaaten sind **äußerst unterschiedlich**, was in der Vergangenheit schon häufiger gemeinsames Handeln verhinderte (in der Libyen-Krise 2011 votierten Frankreich und Großbritannien im Sicherheitsrat für militärische Maßnahmen gegen das Gaddafi-Regime, die Bundesrepublik Deutschland enthielt sich der Stimme).

- Die **finanziellen Spielräume** für Ausgaben im Bereich der Außen- und Sicherheitspolitik sind **recht eng**.

- Eine wirksame gemeinsame europäische Außen- und Sicherheitspolitik ist sehr stark **abhängig von** einer **Verständigung Frankreichs und der Bundesrepublik Deutschland**; bei politischen Differenzen zwischen diesen beiden Staaten droht Blockade.

# Herausforderungen für die nationale Politik in einer globalisierten Welt

## 1 Deutsche Außenpolitik

### 1.1 Bedingungsfaktoren deutscher Außenpolitik

In der Außenpolitik versuchen der Minister bzw. die Ministerin des Auswärtigen und andere Repräsentanten der Bundesrepublik die **Interessen der Bundesrepublik** gegenüber anderen Staaten oder nichtstaatlichen Organisationen zu vertreten. Insbesondere wollen sie dabei Ziele wie die Bewahrung der politischen Unabhängigkeit, die Förderung des wirtschaftlichen Wohlstands und die Verbreitung der von Deutschland unterstützten Ideale erreichen.

Für die deutsche Außenpolitik sind grundlegende **Bedingungsfaktoren** ausschlaggebend:

- **geografische Lage** in der Mitte Europas mit zahlreichen Nachbarstaaten
- Verpflichtungen, die sich aus der Mitgliedschaft in **internationalen Organisationen** wie UNO, NATO und EU ergeben
- **deutsche Geschichte** mit der vor allem aus der Zeit der NS-Gewaltherrschaft abzuleitenden Verantwortung
- Wertvorstellungen, die im **Grundgesetz** ihren Niederschlag gefunden haben
- **konzeptionelle Vorstellungen** der Bundesregierung und der Mehrheit des Bundestags
- **wirtschaftliche Interessen**, besonders wegen der Bedeutung des Exports für die deutsche Wirtschaft
- **weltpolitische Entwicklungen**
- Meinung der **politischen Öffentlichkeit**, Einfluss der **Medien**
- **finanzielle Situation** der Bundesrepublik

## 1.2 Ziele der deutschen Außenpolitik

Grundlegendes Ziel der deutschen Außenpolitik ist es, die **Unversehrt-heit des deutschen Staatsgebiets zu schützen**, um dadurch den Bürgern ein Leben in **Frieden und Freiheit** zu ermöglichen. Nachdem es in den ersten Jahren des Bestehens der Bundesrepublik vor allem um das Erreichen der **Souveränität** durch Integration in das westliche Bündnis sowie langfristig um die Wiedervereinigung ging, hat sich die Situation nach dem Ende des Ost-West-Konflikts und der im Jahr 1990 erfolgten deutschen Einheit geändert und andere Ziele (die bis dahin aber auch schon verfolgt wurden) haben eine Aufwertung erfahren:

- Vorantreiben der **europäischen Integration**
- Bewahrung und Stärkung der **transatlantischen Bindungen**
- **Unterstützung der UNO** und anderer internationaler Organisationen bei dem Bestreben, die Achtung der Menschenrechte und die Respektierung der internationalen Ordnung auf der Basis des Völkerrechts zu sichern
- **Rüstungskontrolle** und Ächtung von Massenvernichtungswaffen
- Einsatz für **Freiheit und Menschenrechte** sowie für eine gerechte und nachhaltige Globalisierung
- Bekämpfung des **internationalen Terrorismus**
- Engagement für **freien und ungehinderten Welthandel** und dadurch Sicherung des Wohlstands
- Einsatz für den **Umweltschutz** im internationalen Rahmen

## 1.3 Zielkonflikte der deutschen Außenpolitik

In der Realität lassen sich die angestrebten Ziele nicht immer problemlos mit anderen politischen oder wirtschaftlichen Zielvorstellungen vereinbaren, sondern es treten Zielkonflikte auf, z. B.:

| Zielkonflikte | | |
|---|:---:|---|
| • Engagement für freien Welthandel | ↔ | • Schutz der Interessen der Produzenten in Deutschland |
| • Bundeswehr als Verteidigungsarmee | ↔ | • Einsätze der Bundeswehr *out of area* und unter Umständen Anwendung von Gewalt |
| • Unterstützung des Ziels der Erhöhung der Verteidigungsausgaben in der NATO | ↔ | • finanzielle Zwänge im Bundeshaushalt |
| • Förderung von Demokratie und Menschenrechten | ↔ | • Erlaubnis von Waffenexporten aus wirtschaftlichem Interesse in Staaten (wie z. B. Saudi-Arabien), in denen Menschenrechte missachtet werden |
| • Bündnisloyalität | ↔ | • Distanzierung von außenpolitischem Vorgehen eines Bündnispartners |
| • Hilfe für Staaten der „Dritten Welt" | ↔ | • Erschwerung oder Verhinderung von Agrarimporten aus der „Dritten Welt" zum Schutz eigener Produzenten |
| • Verbesserung der Exportchancen deutscher Unternehmen | ↔ | • Thematisieren der Unterdrückung von Freiheitsrechten bei Regierungskontakten mit wirtschaftlich einflussreichen, aber undemokratischen Staaten |
| • Förderung des globalen Umweltschutzes | ↔ | • Förderung der nationalen Industrie |

## 1.4 Akteure der deutschen Außenpolitik

**Wichtige Akteure** der Außenpolitik der Bundesrepublik sind:

Außenminister/-in

Bundeskanzler/-in

Wichtige Akteure

Bundestag

Bundespräsident/-in

Nach Artikel 32 des Grundgesetzes fällt die **Pflege der Beziehungen zu auswärtigen Staaten** in den **Verantwortungsbereich des Bundes**. Allerdings könnten die Bundesländer, soweit sie für die Gesetzgebung zuständig sind, unter Zustimmung der Bundesregierung mit auswärtigen Staaten Verträge abschließen.

- Wegen der allgemeinen Richtlinienkompetenz besitzt der **Bundeskanzler/die Bundeskanzlerin** eine **besondere Bedeutung** – auch für die Außenpolitik. Außerdem schlägt der Bundeskanzler/die Bundeskanzlerin dem Bundespräsidenten/der Bundespräsidentin den Außenminister/die Außenministerin vor. Bisher war dieses Amt allerdings eine Domäne des kleineren Koalitionspartners, sodass der Spielraum des Regierungschefs beim Vorschlag faktisch begrenzt ist. Die Bundesregierung bestimmt auch über die **Mitarbeit in internationalen Organisationen** und gibt den **Rahmen für die Außenhandelsbeziehungen** vor.

- Innerhalb der Bundesregierung sind der **Außenminister/die Außenministerin** und das ihm/ihr unterstehende Auswärtige Amt für die **Beziehungen zu auswärtigen Staaten zuständig**. Im Normalfall ist der Außenminister/die Außenministerin federführend bei der **Aushandlung völkerrechtlicher Verträge** und Abkommen mit anderen Staaten. Für die Selbstdarstellung der Bundesrepublik im Ausland spielt die deutsche Kulturpolitik, die im Kompetenzbereich des Auswärtigen Amtes liegt, eine große Rolle. Sogenannte Deutschland-Zentren sowie 134 Kulturinstitute des Goethe-Instituts sollen im Ausland das Bild eines demokratischen, vielseitigen und weltoffenen Landes vermitteln.

- Dem **Bundestag** kommt gemäß Artikel 73, Absatz 1 des Grundgesetzes die ausschließliche Gesetzgebung für die auswärtigen Angelegenheiten und die Verteidigung zu. Der **Bundestag** besitzt in der auswärtigen Politik wichtige **Mitwirkungsrechte**. Jeder völkerrechtliche Vertrag, der von der Bundesregierung abgeschlossen wird, bedarf der Zustimmung einer Mehrheit des Bundestags in Gestalt eines Gesetzes. Wird durch eine europapolitische Entscheidung eine **Änderung oder Ergänzung des Grundgesetzes** erforderlich, ist sogar eine **Zweidrittelmehrheit des Bundestags nötig**. Wenn die Bundesregierung deutsche **Soldaten** zu einem **Auslandseinsatz** schicken will, so muss sie grundsätzlich vorher die **Einwilligung des Bundestags** einholen (Bundeswehr als „**Parlamentsarmee**"). Nach dem **Parlamentsbeteiligungsgesetz** aus dem Jahr 2005 muss die Bundesregierung vor Beginn der Entsendung der deutschen Soldaten dem Bundestag außerdem detailliert darlegen, zu welchem Zweck die Entsendung stattfindet, wie viele Soldaten geschickt werden, wie hoch die Kosten des Einsatzes sind und wie lange er vermutlich dauern wird. Außerdem hat der Bundestag jederzeit das **Recht**, eine **Rückholung der Soldaten zu veranlassen**. Mehrere Ausschüsse des Bundestags beschäftigen sich permanent mit außenpolitischen Fragen: der Ausschuss für auswärtige Angelegenheiten, der Ausschuss für Verteidigung sowie der Ausschuss für die Angelegenheiten der EU.

• Der **Bundespräsident vertritt** die **Bundesrepublik Deutschland völkerrechtlich** und **schließt** in ihrem Namen auch **Verträge** (die vom Bundestag beschlossen werden) ab. Zudem **beglaubigt** und **empfängt** er die **Gesandten** (Artikel 59 Grundgesetz). Durch seine Reisen in alle Welt und die dort gehaltenen Reden bestimmt er mit, welches Bild von Deutschland die Menschen im Ausland haben.

Es gibt noch **viele andere Akteure**, die für die Außenpolitik eine Rolle spielen. So werden z. B. im **Wirtschafts-, Finanz- und Entwicklungshilfeministerium** Entscheidungen getroffen, die für die Beziehungen zu auswärtigen Staaten eine große Bedeutung haben. Auch nichtstaatliche Organisationen wie etwa **Sportverbände**, die Welt- oder Europameisterschaften in Deutschland organisieren, nehmen Einfluss auf die Wahrnehmung Deutschlands in der Welt.

## 1.5 Verfassungsrechtliche Grundlagen der Außenpolitik

Durch das Grundgesetz gibt es eine normative Bindung für die bundesdeutsche Außenpolitik. An folgenden Stellen des **Grundgesetzes werden Aussagen getroffen, die Vorgaben** für die auswärtige Politik der Bundesrepublik darstellen:

- In der Präambel des Grundgesetzes wird erwähnt, dass das Deutsche Volk „von dem Willen beseelt [ist], als gleichberechtigtes Glied in einem vereinten Europa dem Frieden der Welt zu dienen", wodurch **Friedenspolitik als übergreifende Zielsetzung** bestimmt wird.

- In Art. 1, Abs. 2 wird ausgeführt, dass sich das Deutsche Volk „**zu unverletzlichen und unveräußerlichen Menschenrechten** als Grundlage jeder menschlichen Gemeinschaft, **des Friedens und der Gerechtigkeit in der Welt**" bekennt.

- In Art. 24, Abs. 2 wird die Einordnung in ein **System gegenseitiger kollektiver Sicherheit erlaubt**, wenn dies der „Wahrung des Friedens" dient und „eine friedliche und dauerhafte Ordnung in Europa und zwischen den Völkern der Welt" fördert.

- In Art. 26, Abs. 1 wird eine **Außenpolitik**, die auf die **Führung eines Krieges** zielt, als **mit dem Grundgesetz unvereinbar** eingestuft: „Handlungen, die geeignet sind und in der Absicht vorgenommen werden, das friedliche Zusammenleben der Völker zu stören, insbesondere die Führung eines Angriffskriegs vorzubereiten, sind verfassungswidrig. Sie sind unter Strafe zu stellen".

Insgesamt wird also deutlich, dass **laut Grundgesetz** die Außenpolitik der Bundesrepublik dem **Frieden zu dienen** hat. Das Friedensgebot der Präambel oder auch des Art. 26 sind außerdem eng verwandt mit dem völkerrechtlichen Gewaltverbot aus Art. 2, Nr. 4 der Charta der Vereinten Nationen. Gemäß Art. 25 Grundgesetz sind die allgemeinen Regeln des Völkerrechts Bestandteil des Bundesrechts, woraus sich ergibt, dass die Bundesrepublik auch als gleichberechtigtes Mitglied der internationalen Staatengemeinschaft einer Friedenspolitik verpflichtet ist.

# 2 Globalisierung

## 2.1 Merkmale und Ursachen

Unter **Globalisierung** versteht man einen Prozess, bei dem vor allem infolge **neuer Kommunikations- und Transportmöglichkeiten** die natürlichen **Grenzen von Zeit und Raum** eine **immer geringere Rolle** spielen und Entwicklungen in einem Teil der Welt in immer stärkerem Maße die Entwicklung in anderen Teilen der Welt beeinflussen. Die Globalisierung wurde und wird durch einen **Wandel in verschiedenen Bereichen** angetrieben:

- Bereich der **Politik:** Als Folge der Auflösung des Ostblocks und damit der bipolaren Welt setzte sich seit Ende der 1980er-Jahre die **liberale und kapitalistische Ordnung** in vielen Ländern durch.

- Bereich des **Handels:** Durch Freihandelsabkommen wurde der **Handel weltweit liberalisiert** und damit **erleichtert.** Innerhalb der Europäischen Union entstand durch die Erweiterung wirtschaftlich ein großer Binnenraum.

- Bereich der **Kommunikation:** Durch die Digitalisierung kam es zu einer **Revolution** im **Kommunikationsbereich.**

- Bereich des **Transports:** Durch Fortschritte im Flugverkehr und der Schifffahrt wurden die **Transportkosten erheblich gesenkt.**

## 2.2 Eigenschaften

Für den Politologen Volker Perthes ist die Globalisierung durch **fünf Eigenschaften** charakterisiert:

- **Offenheit des Systems:** Nach dem Ende des Ost-West-Konflikts gibt es keinen ideologisch-militärischen Konflikt mehr, der die Weltpolitik ähnlich dominant strukturiert. Die **Anzahl der weltpolitischen Akteure** hat **zugenommen:** Neben Staaten und internationalen Organisationen steht das System auch z. B. offen für Nichtregierungsorganisationen (NGOs), Unternehmen, terroristische Organisationen usw.

- **Geschwindigkeit:** Entwicklungen vollziehen sich mit einer bisher nicht vorstellbaren Geschwindigkeit. Krisen und Gefahren verbreiten sich viel schneller, als dies vorher der Fall war.
- **Gleichzeitigkeit der Ereignisse: Entwicklungen sind eng miteinander verbunden** und laufen fast gleichzeitig ab. So führen Kriege oder wirtschaftliche Not zu starken Migrationsbewegungen, die Regionen und Staaten vor große Probleme stellen.
- **echte Globalität:** Viele **Krisen** und **Probleme**, die aufgrund der Globalisierung weltweite Auswirkungen haben (z. B. Finanzkrisen oder Klimawandel), können auch nur durch **globales Zusammenwirken** gelöst werden *(global governance)*.
- **Neuverteilung der Gewichte:** Durch den Prozess der Globalisierung kommt es zu einer **Verschiebung der politischen und wirtschaftlichen Macht** auf weltpolitischer Ebene (z. B. relativer Machtverlust der USA, Japans und Europas bei gleichzeitigem Machtgewinn Chinas und anderer asiatischer Staaten).

## 2.3 Dimensionen und Konsequenzen

Der Prozess der Globalisierung bringt nicht nur im Bereich der Kommunikation oder des Transports **tiefgreifende Änderungen** mit sich, sondern wirkt sich auch auf andere **gesellschaftliche Subsysteme** wie Politik, Wirtschaft oder Kultur aus. Die Globalisierung zeigt dabei ein **janusköpfiges Gesicht**, d. h. Licht- und Schattenseiten, Chancen und Probleme sind eng miteinander verknüpft.

| Dimension | Chancen | Probleme |
|---|---|---|
| **Politik** | • globales Regieren *(global governance)*<br>• enge Kooperation der Regierungen<br>• Problemlösungen im internationalen Rahmen | • Kompetenzverluste von Regierungen auf nationaler Ebene, Gefühl der Machtlosigkeit bei Bürgern<br>• Demokratiedefizite<br>• immer schwierigere Zuweisung von politischer Verantwortung<br>• Problem der Kontrolle multinationaler Konzerne und *global players* |

| | | |
|---|---|---|
| **Wirtschaft** | • Schaffung von Arbeitsplätzen<br>• hohes Innovationsniveau als Folge von Austausch und Konkurrenz<br>• Absenkung von Produktionskosten<br>• Erhöhung des weltweiten Lebensstandards<br>• niedrige Preise<br>• Vernetzung der Wirtschaftssysteme der Staaten | • harte globale Konkurrenz<br>• regionaler Verlust von Arbeitsplätzen, schwindende Sicherheit für Arbeitnehmer<br>• Druck auf die Löhne wegen Möglichkeit zur Verlagerung von Produktionsstätten<br>• Ausbeutung rohstoffreicher, aber politisch schwacher Entwicklungsländer<br>• globale Krisenauswirkungen |
| **Gesellschaft** | • hervorragende Informationsmöglichkeiten<br>• Erhöhung der Mobilität und Flexibilität<br>• Entstehen von Netzwerken gesellschaftlicher Gruppen<br>• Zunahme der Toleranz | • Verunsicherung der Bürger hinsichtlich des sozialen Status durch rapiden Wandel<br>• gesellschaftliche Fragmentierung, Entsolidarisierungsprozesse<br>• extreme Vergrößerung der sozialen Unterschiede |
| **Kommunikation** | • Teilhabe an weltweiter Kommunikation und Information<br>• Vertiefung sozialer Kontakte<br>• Senkung von Kommunikationskosten | • Reizüberflutung<br>• Flucht in virtuelle Scheinwelten<br>• Abnahme realer Kontakte<br>• Manipulation der Meinungsbildung |
| **Sicherheit** | • Zwang zur Kooperation<br>• Zusammenarbeit internationaler Sicherheitsbehörden<br>• neue Methoden der Aufklärung | • Vermehrung globaler Gefahren und Probleme (Terrorismus, Klimawandel, Migration)<br>• Unübersichtlichkeit aufgrund der Zunahme global agierender Akteure<br>• Vernetzung auch von terroristischen Organisationen<br>• schwierige Kontrolle von Massenvernichtungswaffen |
| **Kultur** | • Kenntnis anderer Kulturen<br>• Erweiterung des Blickwinkels<br>• Erfahrbarkeit des globalen kulturellen Reichtums | • Durchsetzung kultureller Trends weltweit: Gefahr für lokale und regionale Kulturen<br>• Infragestellung eigener Identität |
| **Umwelt** | • Schaffung eines globalen Umweltbewusstseins<br>• Vernetzung von Umweltaktivisten, Umweltverbänden und Politikern weltweit<br>• Förderung technischer Innovation zum Schutz der Umwelt | • Zunahme der Flugreisen (Belastung der Umwelt)<br>• immenser Bedarf nach knapp werdenden bzw. seltenen Rohstoffen<br>• wenig Rücksicht auf Umwelt als Folge harter wirtschaftlicher Konkurrenz |

# 3 Herausforderungen der Globalisierung für die nationale Politik

## 3.1 Terrorismus

Der Terroranschlag auf den Berliner Weihnachtsmarkt im Dezember 2016, für den die Terrororganisation IS die Verantwortung übernommen hat, zeigt, dass sich auch **Deutschland im Visier des internationalen Terrorismus** befindet. Für Regierung und Behörden der Bundesrepublik stellt dieser eine **große Herausforderung** dar. Es ist die grundlegende Aufgabe des Staats, die Sicherheit seiner Bürgerinnen und Bürger zu garantieren. Hätten diese Zweifel an der Fähigkeit des Staates zur wirksamen Terrorprävention und -bekämpfung, würde sich das negativ auf ihre Überzeugung der Legitimität der demokratischen Ordnung auswirken. Der Terrorismus stellt auch deswegen eine Gefahr für liberale Ordnungen dar, da nach Terrorakten Forderungen nach Beschränkung von Freiheitsrechten vermehrt Unterstützung erfahren.

Terrorismus kann **verschiedene ideologische Hintergründe** haben. Sehr gefährlich erscheinen in der Gegenwart der **islamistische und der rechtsextremistische Terror**.

Bei der Frage, wie der demokratische Staat auf die terroristische Herausforderung reagieren kann, ist im nationalen Rahmen zwischen **kurzfristigen** und **längerfristigen Maßnahmen** zu unterscheiden.

---

**Kurzfristige Maßnahmen**

- erhöhte Polizeipräsenz und Sicherheitsmaßnahmen an besonders gefährdeten Orten und bei Versammlungen
- Überwachung und Festnahme von potenziellen Gefährdern
- besserer Informationsaustausch zwischen Polizei- und Geheimdienstbehörden
- entschlossenes Vorgehen bei Verbreitung von extremistischem Gedankengut

**Längerfristige Maßnahmen**

- verstärkte Aufklärungs- und Bildungsarbeit
- bessere personelle und materielle Ausstattung der Sicherheitsbehörden
- Verbesserung der beruflichen Perspektiven besonders für junge Muslime aus bildungsfernen Schichten
- Zusammenarbeit mit muslimischen Verbänden
- Verbesserung der Integration, Verhinderung der Entstehung von Parallelwelten
- Führen einer Wertedebatte

Die **nationalen Anstrengungen** müssen aber in Zeiten der Globalisierung unbedingt **durch internationale Kooperation ergänzt** werden:

| **Maßnahmen internationaler Kooperation** |
| --- |
| • Zusammenarbeit mit den Sicherheitsbehörden anderer Staaten: Austausch von Erkenntnissen und Erfahrungen |
| • wirksame Kontrolle der Einreise in den Schengenraum |
| • Unterstützung für fragile Staaten, internationale Kooperation zur Stabilisierung |
| • Beseitigung von Ursachen für Radikalisierung durch gezielte Entwicklungshilfe im internationalen Rahmen |
| • Engagement für friedliche Lösungen von Konflikten |

## 3.2 Migration

### Unterscheidung von Begriffen

In der Gegenwart gibt es ca. 65 Millionen Menschen, die ihre Heimat verlassen haben, weil sie um ihre Existenz fürchten. Oftmals wird in diesem Zusammenhang von **„Migranten"** gesprochen. Dieser Begriff bezeichnet aber allgemein alle Personen, die ihren Lebensmittelpunkt (meist über Staatsgrenzen hinweg) räumlich verlegen und schließt damit z. B. auch Menschen ein, die sich ohne existenziellen Druck, etwa aus persönlichen oder beruflichen Gründen, in einem anderen Staat niederlassen (vgl. S. 37). Nach der Genfer Flüchtlingskonvention wird für Personen, die aus begründeter Furcht vor Verfolgung aufgrund ihrer politischen Überzeugung, ihrer Nationalität, ihrer ethnischen Zugehörigkeit oder ihrer Religion ihre Heimat verlassen, der Begriff **„Flüchtlinge"** verwendet. In der Gegenwart sind aber nicht nur Menschen, die aufgrund staatlicher Verfolgung aus ihrer Heimat fliehen, mit diesem Begriff zu bezeichnen, sondern auch diejenigen, deren Lebensgrundlagen in einem **zerfallenden Staat** bedroht werden und die etwa der Gewaltausübung durch Rebellengruppen entkommen wollen.

Etwa zwei Drittel der Flüchtlinge verbleiben in ihren eigenen Ländern und suchen dort in anderen Regionen Sicherheit, während ungefähr 20 Millionen die Staatsgrenze überqueren, um in fremden Staaten **Schutz** zu finden. Die meisten bleiben in der Nähe ihres Heimatlandes. Zehn Staaten beherbergen ca. 60 % der Flüchtlinge: Zu ihnen zählen Äthiopien, Jordanien, Kenia, Pakistan, Türkei und Uganda.

**Ursachen für erzwungene Migration**

Politische Unterdrückung kann heute immer noch ein Grund für Flucht sein, doch weit häufiger sind die **desaströsen Folgen des Zusammenbruchs von Staaten** die Ursachen, wie beispielsweise Bürgerkriegskämpfe, Gewalt gegen ethnische oder religiöse Minderheiten, Terrorregimes von Warlords mit ihren Milizen, mangelnde Versorgung der Bevölkerung (Lebensmitteln/Medizin).

In Europa wurde das Problem erst in vollem Umfang wahrgenommen, als es im Jahr 2015 zum ersten Mal einen **massenhaften Zustrom von Flüchtlingen** aus anderen Kontinenten gab, vor allem von Menschen, die aus Syrien vor den Folgen des Bürgerkriegs flohen, aber auch von Flüchtlingen aus Afghanistan, dem Irak oder aus afrikanischen Staaten (vgl. S. 80) Das Ertrinken von Hunderten von Menschen, die in ungeeigneten Booten von Schleusern über das Mittelmeer geschickt wurden, um Italien oder Griechenland zu erreichen, konfrontierte die meisten Europäer plötzlich mit dem Thema. Dieses wurde nun als „**globale Flüchtlingskrise**" von der Politik aufgegriffen und auch in den Medien breit behandelt, obwohl es die Flüchtlingskrise schon seit Jahren gegeben hatte und der Zustrom nach Europa nur 10 % der Gesamtzahl der Flüchtlinge ausmachte. Die 90 % der Flüchtlinge, die in Entwicklungsländern verblieben waren, wurden weiterhin nur am Rande wahrgenommen. In Europa gab es politisch **keine kohärente Reaktion** auf die Herausforderung. Manche Regierungen zeigten eine vorsichtige Bereitschaft zur Aufnahme von Flüchtlingen, während andere sich abschotten wollten. **Aus humanitären Gründen** entschloss sich die Bundesregierung im Jahr 2015 zur **Öffnung der Grenzen für Flüchtlinge**, doch wurde bald deutlich, dass diese Politik schwer durchzuhalten war. Da es im Vorfeld der Entscheidung keine Absprache mit anderen EU-Staaten gegeben hatte, war die Bundesrepublik in diesem Punkt auch politisch isoliert.

Im nationalen Rahmen können die Probleme der massenhaften Migration oftmals nicht gelöst werden, vielmehr bedarf es internationaler Kooperation, um vor allem ihre Ursachen zu bekämpfen.